Heide Mende-Kurz

Sprache statt Schnuller

Alte Kinderreime neu entdeckt

Aus der Praxis mit
sprachentwicklungsgestörten
Kindern

Arbeitsbuch für
Elternhaus, Kinderkrippe,
Kindergarten und Schule

Zeichnungen Heide Mende-Kurz

MAYER

Heide Mende-Kurz, Ausbildung zur Kunsterzieherin, Unterrichtstätigkeit an Volkshochschulen, Waldorfschulen, Fachhochschulen und in der Erwachsenenbildung. Schauspieldiplom, Engagement am Theater der Altstadt in Stuttgart, Diplom für Sprachgestaltung, Dornach, logopädische Praxis. Fortlaufende Regiearbeit mit verschiedenen Theatergruppen (Kabarett); zahlreiche Auftritte als Rezitatorin unterschiedlicher Programme von Barock bis Moderne in Zusammenarbeit mit Musikern, u.a. Peregrina Quintett. Sprachlich-musikalische Aufführungen für Kinder sind ihr ein besonderes Anliegen. Sie ist Autorin von vier Sprachbilderbüchern: *Wer will fleißige Handwerker sehn?* (1995), *Sonne, Sonne scheine* (1996), *Gretel Pastetel* (2002), *Das bucklige Männlein* (2006). Heide Mende-Kurz lebt seit 2005 in Beuren (Schwäbische Alb). Sie veranstaltet Aufführungen, hält Vorträge, leitet Kurse und gibt sprachtherapeutische Behandlungen in ihrer Wortwerkstatt. Illustration des Longsellers von Gunhild Sehlin: *Marias kleiner Esel* (1963 ff.)

Mehr Informationen und Bestellung der Sprachbilderbücher unter
www.wortforum.de

Bibliografische Information Der Deutschen Bibliothek
Die Deutsche Bibliothek verzeichnet diese Publikation in der Deutschen Nationalbibliografie; detaillierte bibliografische Daten sind im Internet über http://dnb.ddb.de abrufbar.

ISBN 978-3-86783-020-1

© 2012 Verlag Johannes M. Mayer, Stuttgart
Einband: Klaus Dempel, Stuttgart
Abb. 2–10: Heide Mende-Kurz
Abb. 1, 11–27: Siegfried Bütefisch – nach Vorlagen der Autorin
Satz: de·te·pe, Aalen
Druck und Bindung: Steinmeier, Deiningen

Inhalt

Geleitwort

Vor einiger Zeit erschien eine Untersuchung, in der nachgewiesen wurde, dass das Rezitieren von Gedichten im Versmaß des Hexameters das Verhältnis von Herzschlag und Atmung harmonisiert. Es konnte gezeigt werden, dass sich durch das Rezitieren von Gedichten im Hexameter-Rhythmus die Rhythmen von Atmung und Herzschlag in ihrem Verhältnis dem Wert von 1 : 4 annähern. Dieser Wert stellt sich normalerweise jede Nacht im Tiefschlaf ein, also bei maximaler Regeneration. Das Rezitieren von Hexameter-Gedichten wirkt also regenerierend, es bringt die Nacht in den Tag! Diese Studie[1] aus der Anthroposophischen Medizin war in einer hochrangigen wissenschaftlichen Zeitschrift erschienen und ging in die Boulevard-Presse mit Schlagzeilen wie »Gesund durch Gedichte« ein. Der Kulturbetrieb unserer Tage geht rasch über solche Entdeckungen hinweg. Sie passen wenig in unser von Bildmedien beherrschtes Bewusstsein. Auch wenn in der modernen Lyrik Gedichte im Versmaß schon lange als antiquiert gelten – rhythmisierte Sprache wirkt heilend, weil die Rhythmen dem rhythmischen System von Herz und Lunge entstammen. Mögen die Erwachsenen sich sprachlich gebärden wie sie wollen – Kindern fehlt Entscheidendes, wenn ihnen Verse fehlen! Sie verbinden durch rhythmische Reime die Sprache mit ihrer eigenen Herz- und Lungenfunktion. Was das heißt, kann hier nur angedeutet werden. Neben gesteigerter Gesundheit erbringen Verse dem Spiel *die Freiheit,* die Schiller zufolge im Spiel der Mitte zwischen dem Formpol des Gehirns und dem Stoffpol der Bauchorgane rhythmisch pendelt. Hat Sprache sich hier eingelebt, dann kann das Kind später freimütig antworten, das Wort ergreifen. Durch das »herzen« der Worte in Versen, durch früh erworbenes, lustvolles Spiel im Wort veranlagt sich die Fähigkeit, später Konflikte sprachlich zu lösen, aus der Mitte heraus, ohne Gewalt.[2] Sprachlust verwandelt die Lust auf Gewalt.

Heide Mende-Kurz hat aus ihrer jahrzehntelangen Erfahrung und ihrer Liebe zur Sprache ein Buch geschrieben, das die Kinder-Reime rettet, indem sie ihr sprachliches Leben erfasst und die Bildebewegungen der Laute in den Bewegungen des Kindes – etwa beim Spielen – aufzeigt. Ein Buch, das Mütter, Väter, Großmütter, Großväter und nicht zuletzt ErzieherInnen inspirieren möge!

Pfingsten 2011   Dr. med. Armin Husemann

1   D. Cysarz, D. v. Bonin et. al., Wirkungen von Sprachtherapie auf die kardio-respiratorische Interaktion. Der Merkurstab 58. (2005) 98-105 und 185-196. Dort Nachweis der Originalveröffentlichung.
2   Rainer Patzlaff, Sprachzerfall und Aggression. Geistige Hintergründe der Gewalt und des Nationalismus, Stuttgart 1994.

Vorwort

Wir gehen alle tagtäglich mit Sprache um, und doch weiß keiner auf die Frage, wie bilde ich ein »T« oder ein »W«, spontan eine Antwort. Die Lautbildungen erüben wir als Kind in den ersten sieben Jahren, und zwar nur am Vorbild unserer Bezugspersonen. Dann sinken die Lautbildungen der Vokale und Konsonanten ins Unbewusste ab, und wir sprechen irgendwie – Hauptsache, wir verstehen den Sinn der Aussage, der Rede, der Information. Nach Ausdruck und Schönheit fragt man heute in der Regel kaum noch. Diese Tatsache mag wohl ein Grund dafür sein, dass die zahllosen Sprachförderprogramme meist sehr wenig nützen.

Die alten Kinderreime waren niemals dazu da, allein nützliche und lustige Inhalte zu vermitteln. Ihre Leistung liegt auch darin, mit dem Kind Vokal- und Konsonantenartikulation täglich freudig, spielerisch, rhythmisch und poetisch zu sprechen. So lernt es auch seine eigenen Laute hören. Darin liegt das Geheimnis alter Kinderreime!

Warum ist die rhythmisch-poetische Sprache in Familie, Kindergarten und Schule so gut wie ausgestorben? Dafür werden Erstklässler mit sprachmechanisch-alltagstauglichem Buchstabenlernen und Leseprogrammen konfrontiert. Kein Wunder also, wenn viele begabte Kinder dennoch in der Grundschule schlechte Deutschnoten erhalten. Schnell werden sie dann als Legastheniker eingestuft. Dabei können diese Kinder gar nichts dafür, wenn sie in den ersten Lebensmonaten keine guten Lautartikulationen hören durften und keine rhythmische Sprache, etwa von den Eltern gesprochene Kinderreime, vernommen haben. Der Mensch lernt nur durch das Sprachvorbild, und Kinder werden – wie immer – bestraft, wenn die Erwachsenen auch hierin keine Vorbilder sind.

Reime, Gedichte oder Balladen werden kaum noch gesprochen, in der Regel gibt es nur banales Übungsmaterial. Dafür breiten sich aber Sprachentwicklungsstörungen und Lese-Rechtschreibeschwächen rasant aus.

In alten Schreib- und Leselernbüchern gilt der Grundsatz: vom Bekannten zum Unbekannten, Neuen. Wird zum Beispiel der Buchstabe »CK« gelehrt und gelernt, lässt der Lehrer die Schulkinder den Reim »Backe, backe Kuchen …« sprechen – den kannte natürlich jedes Kind. Das Kind kann so den gesprochenen, rhythmisch gehörten Laut »CK« mit dem bewegt geschriebenen Laut »CK« in Einklang bringen. Wenn das Kind solch rhythmische Sprache in Form von alten Kinderreimen nicht gehört hat, kann es Schwierigkeiten bekommen, eine sichere und vertraute Beziehung etwa zu dem Buchstaben »CK« aufzubauen.

Es sind die täglichen Wiederholungen der Reime und Lieder, die selbst im Säuglingsalter schon für das spätere »Diktat« vorbereiten. Kleine Kinder sind geradezu begierig nach rhythmischer Lautsprache. Die Alltagssprache, die sie täglich hören, kann niemals das Bedürfnis nach rhythmisch gesprochenen Lautqualitäten ersetzen, wie etwa: »Da hast einen Taler,/ Gehst auf den Markt,/ Kaufst dir eine Kuh/ Und ein Kälbchen dazu,/ Das Kälbchen hat ein Schwänzchen/ Und macht dille dilledänzchen.« Oder: »Wie reiten denn die Herren? Ra! ra! ra! / Wie reiten denn die Jüngferchen?/ Zimperlim zim zim!/ Wie reitet denn der Bauersmann,/ Der nicht besser reiten kann?/ Hobbeldi bobbeldi boo!« Natürlich gehört eine Sprachfreude dazu, die Laute (Vokale und Konsonanten) vollsaftig zu artikulieren.

Das wussten die Pädagogen instinktiv ab Einführung der Schulpflicht. So enthalten alte Fibeln zum Beispiel von 1900 viele alte Kinderlieder und Reime, auch Gedichte damals namhafter Dichter wie etwa Friedrich Güll, Robert Reinick, Hoffmann von Fallersleben, Wolfgang Hey oder G. Ch. Diffenbach. Im Internet lassen sich diese wunderbar poetischen Gedichte auch heute noch auffinden und geben einen Einblick, wie lebendig ganzheitlich und poetisch Kinder auf diese Weise Schreiben und Lesen lernten.

Heutige »Fibeln«, etwa von 1997, heißen *Mimi die Lesemaus*. Darin findet sich kaum noch ein poetisches Gedicht für das Ohr, dafür aber Sprachgebilde, mit denen man »schnell und sicher« Schreiben und Lesen lernen soll. Besonders für das Auge gibt es alle Buchstaben zum »Abfotografieren«. Da heißt es zum Beispiel: »Male das Feld um das kleine ›m‹ rot und das Feld um das große ›M‹ blau aus.« Aber das vorgedruckte »M« ist bereits ein »Leichenlaut ›M‹«, denn nur durch das Sprechen des »M«-Lautes wird er wieder lebendig. Und erst wenn ich das »M« mit meinen Lippen bilde, ist es mein eigenes »M« geworden. Ich muss das »M« verinnerlicht haben, dann kann ich es auch in die bewegte Form, dem geschriebenen »M« einverleiben. Das ist unbedingt nötig. Und diese Verinnerlichung muss mit allen Lauten, Vokalen und Konsonanten (Buchstaben) geschehen. Um diesen Prozess muss es beim Schreiben- und Lesenlernen gehen, damit das Kind unbewusst zurückgreifen kann auf die früher gehörten Laut- und Silbenqualitäten. Wie sollen die Kinder ein Gehör, ein Gefühl für den Laut (Buchstaben) bekommen, wenn sie die Buchstaben isoliert sehen und nur isoliert in Wortanfängen wahrnehmen, die alle zufällig mit dem gleichen Buchstaben beginnen, aber wesensmäßig nichts miteinander zu tun haben? Unser Sprachinstinkt geht immer mehr verloren, wenn wir zulassen, unsere Kindern mit so viel optischem Lernmaterial zu konfrontieren, anstatt mit ihnen Reime, Gedichte und Balladen zu sprechen.

Bei der alten Fibel hört man zum Beispiel bei den »K«-Wörtern, wie sie lautlich unmittelbar aus dem Erlebnisraum des Kindes genommen sind. Rhythmisch: Kind – Korb – Kugel – Kirche – Kirsche – Kutsche – Küche –

Kübel – Kachel – Kasten – Katze – Keller – Kalb – Kappe – Kleid. Der Laut »K« wird in seinem Charakter hörbar gemacht.

Bei *Mimi die Lesemaus* sind die »K«-Wörter zum Abfotografieren gezeichnet: König – Bank – Kasperle – Anorak – Krokodil – Krankenschwester – Koffer – Schrank – Kamel – Knopf – Kleid – Kerze – Krone – Anker. Das »K« immer fett gedruckt.

Hier sehen wir eine »K«-Wörteransammlung lautmechanisch zusammengetragen, mit dem versteckten Trick, dem Kind auch gleich noch das »NK« beizubringen – ohne Gefühl für Lautqualitäten, Rhythmus, geschweige denn für Poesie.

Werden die Kinder aber vorwiegend optisch an das Buchstabenlernen herangeführt – und nicht aus dem poetischen Sprechen heraus –, so können sie große Schwierigkeiten bekommen, unsere Sprache richtig zu hören und sie auch richtig zu schreiben. Das Deutsche hat einen Reichtum an Sprachschöpfungen wie wenige andere Sprachen. Und würden wir – gerade auch mit ausländischen Kindern – zusammen viele Gedichte rezitieren, dann könnten wir viel tiefgreifender auf das Erlernen der deutschen Sprache einwirken.

Noch so viele Sprachförderprogramme werden nicht helfen, wenn wir Erwachsenen nicht selbst vorbildlich gut artikuliert sprechen. Das müssen wir aber wieder üben, und dazu sind Kinderreime, Gedichte und Balladen unsere großartigen Lehrmeister.

Bis in die Mitte des 20. Jahrhunderts war es selbstverständlich, dass ein Kind, das die Volksschule durchlaufen hatte, mindestens 30 bis 40 Gedichte auswendig konnte. Wenn heute dagegen in einem Kindergarten noch Reime, in der Schule Gedichte und Balladen rezitiert werden, ist das eher die Ausnahme als die Regel.

Wir müssen aber wieder ein neues Bewusstsein dafür schaffen, dass bereits Säuglinge, kleine Kinder, Schulkinder und Erwachsene gut artikulierte, poetisch-rhythmische Vorbildsprache zu ihrer Sprachentwicklung unbedingt brauchen.

Sprache statt Schnuller

Warum hat der Schnuller in fast jeder jungen Familie eine so magische Anziehungskraft auf Eltern und Säugling?

Er hält das Kind zufrieden, still und schont die Nerven der Erwachsenen. Bis etwa zum sechsten Lebensmonat in der Kindesentwicklung sprechen wir vom Säugling. In dieser Zeit wird das Kind saugend ernährt, das heißt, es wird gestillt oder bekommt die Nahrung aus dem Fläschchen mit dem aufgesetzten Sauger/Schnuller.[3] Ab sechs Monaten sitzt das Kind dann bereits im Stühlchen, und die Lage der Zunge bildet jetzt eine Waagerechte zur Senkrechten der (oberen) Wirbelsäule. Die ersten Zähne kommen, die das sichtbare Zeichen dafür sind, dass das Säuglingsalter vorbei ist und das Kind jetzt lernen muss, aus dem Becher zu trinken und die Nahrung mit dem Löffel aufzunehmen.

Aber wie bequem ist es, alle Nahrung aus der Flasche zu geben und einfach das Loch im Sauger zu vergrößern, damit der Nahrungsbrei schneller fließen kann. Nur wenige Mütter wissen, dass sie bereits durch diese Saugflaschentechnik die »besten« Voraussetzungen schaffen für eine spätere kieferorthopädische Behandlung. Oft überweisen Kieferorthopäden Kinder und Jugendliche mit sogenanntem infantilen Schluckmuster an mich, wobei die Zungenspitze noch saugend eingesetzt wird. So trinkt zum Beispiel ein 17-jähriger Gymnasiast nicht Schluck für Schluck, sondern lässt den Mund volllaufen und drückt mit einer schlängelnden Zungenspitzenbewegung alles in den Schlund. Die Folge dieses infantilen Schluckmusters ist, dass die Zungenspitzenmuskulatur bei diesem Jungen circa sechzehn Jahre lang einen falschen Druck auf die oberen Schneidezähne ausgeübt und sie nach vorne gedrückt hat.

Wie entsteht dieses infantile Schluckmuster?

Versucht man einmal, mit den Lippen und der Zunge die Saugbewegungen mit einem »imaginären« Schnuller nachzuahmen, so wird man merken, dass nur die vordere Zungenspitze in Bewegung ist und die Flüssigkeit mittels der Lippenmuskulatur in den Mundraum gepresst und dann in den Schlund gedrückt wird.

Erst die richtige Schluckbewegung ist ein Entwicklungsschritt, der verhindert, dass Saug-Luft in das Bäuchlein gerät. Diese richtige Schluckbewegung übt das Kind beim Trinken aus dem Becher und beim Essen mit dem Löffelchen.

---

3   Beim Saugen schluckt das Kind viel Luft und muss nach jeder Mahlzeit ein »Bäuerle« machen.

Nun braucht der Mensch diese Mundwerkzeuge nicht nur zum Essen und zum Trinken – als geistiges Wesen braucht er sie auch zum Sprechen. Zur Sprachäußerung braucht er die Zunge, die Zähne, die Lippen und den Gaumen. Denn die Sprech-, Sing- und richtigen Kaubewegungen formen bis zu 80 % den kindlichen Kiefer harmonisch. Die richtigen Schluckbewegungen übt das Kind nicht beim Saugen, sondern beim Trinken aus dem Becher. Das heißt: Gibt eine Mutter ihrem Kind den Schnuller/den Sauger länger als circa sechs Monate, so kann sie sicher sein, dass die Zungenspitzenmuskulatur, weil sie falsch »programmiert« ist, bei den späteren Lautbildungen gegen die oberen Schneidezähne drückt und sogar die Zunge bei den Lauten **S, Z, SCH** zwischen den oberen und unteren Schneidezähnen herausquillt. Das Kind spricht dann **Sule** statt **Schule.** Es sind dies die Fehlbildungen der **S-, Z-,** und **SCH-**Laute. Wir sprechen dann von einem Sigmatismus und Schetismus. Ist das Kind dem Schnuller entwöhnt, nimmt es oft sein Däumchen oder auch seine Finger. Die Wirkung dieser Art des Lutschens auf die Kieferbildung und Zungenmuskulatur steht dem Schnuller in nichts nach, jedoch meint man, der Schnuller sei ja einer Brustwarze nachgeformt und deshalb weicher und schade weniger der Kieferformung und der Zungemuskulatur als die härteren Finger.

Mancher Mutter mag die Schädlichkeit des Schnullers für die spätere Kieferbildung und falsch programmierte Zungenmuskulatur einleuchten. Dennoch sieht sie sich ohnmächtig der Gewalt ausgeliefert, mit der das Kind nach dem Schnuller verlangt.

Schauen wir auf den seelischen Teil des vehementen Saugbedürfnisses. In den ersten Lebensmonaten schläft der Säugling sehr viel, das heißt, er liegt viel. Er ist ganz eingebettet in einen Paradieszustand. Er saugt, er schläft, er schreit. Er erwacht langsam, spielt mit seinen Fingerchen, übt alle Bewegungen mit Lippen, Zunge und Kehle. Plagen ihn aber die Verdauung oder sonstige unangenehme Reize wie Medienlärm und Hektik oder gar der Streit der Erwachsenen, so schreit er nach dem Schnuller. Denn Saugen heißt wieder, im Paradieszustand zu sein. Auch wir Erwachsenen sehnen uns unbewusst immer nach dem Paradieszustand, nur greifen wir nicht nach einem Schnuller, wohl aber nach Zigaretten, Alkohol, Bonbons, Torten, Schokolade etc. Größere Kinder können heute gar nicht mehr auskommen, ohne ständig etwas Süßes im Mund zu lutschen.

Mit zwei Monaten schrie mein Sohn auch nach dem Schnuller. Meine Ärztin sagte kategorisch, drei Tage müssen Sie das Geschrei aushalten. Nach drei Tagen war sein Gehirn programmiert. Das Leben geht auch ohne Schnuller weiter.

Saugen zu wollen, ist vielleicht nur ein Bedürfnis des Kindes, zur Ruhe zu gelangen, um sich gegen die vielen Reize, die auf es einstürmen, zu wehren. Diese Reizüberflutung kann es so überhaupt nicht verarbeiten. Wir wissen ja, wie stark kleine Kinder »Atmosphärisches« aufnehmen. Schon ab dem sechsten Lebensmonat werden sie mit Spielen und Spielgeräten überschüttet, sie werden im Auto, in den Supermarkt und wer weiß, wohin überall sonst noch mitgeführt. Wie kann und soll das Kind sich gegen zu viele Sinnesreize anders wehren, als dass es schreit? Das Schreien kann niemand aushalten, also geht der Schnuller ins Mäulchen. Dann plötzlich ist das Schnullersaugen zur Gewohnheit geworden. Das Kind wird süchtig nach dem Schnuller.

Meine Beobachtung ist oft, dass Kinder, die mit drei bis vier Jahren häufig am Schnuller saugen müssen, eine nicht altersgemäße Sprachentwicklung zeigen.

Saugen bedeutet, abhängig zu sein. Doch wenn mit circa sechs Monaten die ersten Zähne kommen, das Kind jetzt kauen, also allmählich festere Nahrung verarbeiten lernt, fängt es auch an, mit seinem Körper immer selbständigere Bewegungsabläufe zu probieren. Bei einer liebevoll umsorgten normalen Entwicklung steht es mit zwölf bis fünfzehn Monaten auf seinen eigenen Beinen und kann selbständig laufen. Meine Vermutung ist, dass das Saugen am Schnuller oder am Flaschensauger den Wachstumshormonen Säuglingsverhalten suggeriert und somit Entwicklungsprozesse stagnieren oder verlangsamen können.

Was im Mund des kleinen Kindes sein muss, ist nicht der Schnuller, sondern die Laute der Sprache, die es über das Ohr in seinem Munde erschmeckt. Was mit »Erschmecken« gemeint ist, kann man selbst nachprüfen, zum Beispiel wenn man die Laute des Reims, **Guten Tag, Herr Gärtnersmann, / Haben Sie Lavendel? / Rosmarin und Thymian / Und ein wenig Quendel?** (siehe Seite 100) ausdrucksstark spricht.

Die alten Kinderreime sind für Kinder jeden Alters wirkungsvoll. Ab dem zweiten Lebensmonat kann **Kinnewippchen** gesprochen werden (siehe Seite 26). Je größer das Kind wird, desto mehr sollte der Kinderalltag wie das Anziehen, Essen, Spielen, Schlafengehen etc. mit dem passenden Kinderreim begleitet werden. Es versteht sich, dass dabei die **Wiederholung** die Lebensaufbaukraft gibt.

Als Negativbeispiel kann man im Supermarkt oder auf der Straße beobachten, dass Mütter zu viel Nutzsprache auf das Kind abregnen lassen, in dem guten Glauben, das sei liebevolle Zuwendung: »So, jetzt fahren wir schnell nach Hause.« Nein! **Ri-ra-rutsch / Wir fahren mit der Kutsch …** wirkt viel besser! Oder das Kind bleibt immer stehen und schaut sich alles an. Dann hört man die Mutter sagen: »Wenn du jetzt nicht endlich kommst, gibt es keine Bonbons.« **Morgens früh um sechs / Kommt die kleine Hex …** (siehe Seite 102) wäre dazu ein passender Reim.

Kinder sehnen sich danach, Laute zu hören, zu schmecken und sich in der rhythmischen Kraft geborgen und versorgt zu fühlen. Ich arbeite in meiner

Praxis seit vielen Jahren mit den Lautbildeschätzen der alten Kinderreime. Das vehemente Bedürfnis nach dem Schnuller ist nicht nur, wie gezeigt, ein Rückzug in den paradiesischen Zustand der »Seinswonne«, sondern vor allem auch ein Machtmittel, Aufmerksamkeit und Zuwendung von den Eltern zu bekommen.

Ein Beispiel: Daniel kam mit vier Jahren in meine Praxis. Er hatte bereits einen stark gekippten Fehlstand der oberen Schneidezähne, die Oberkieferlage war schmal, nach vorn gezogen und der Gaumen hatte wenig Gewölbehöhe. Sein Sprachentwicklungsstand entsprach dem eines knapp dreijährigen Kindes. Die Mutter beteuerte hilflos: »Wir haben alles versucht, Daniel den Schnuller wegzunehmen, aber wenn er abends einschlafen soll, schreit er so kreischend, dass selbst die Nachbarschaft leidet. Mein Mann muss früh aufstehen, er braucht dringend seinen Schlaf, aber ohne Schnuller ist Daniel nicht zu bändigen.« Die Mutter meinte sogar, ob ich nicht trotz des Schnullergebrauchs Daniels Lautfehlbildungen richtig anlegen und verbessern könnte. Ich befahl kategorisch: Der Schnuller muss weg! Aber wie?

Die Familie besaß einen Weinberg, so sagte ich: »Daniel muss einen Löffel nehmen und ein tiefes Loch für den Schnuller graben, dann den Schnuller hineinwerfen und sämtliche Löffel Erde wieder zurückschaufeln.« Die Mutter sagte: »Aber heute Abend muss er ihn noch einmal bekommen, sonst dreht mein Mann durch.« Sie entschied sich dann, zur Oma zu ziehen. Diese hatte just einen großen Kachelofen angeheizt – Daniel öffnete die Ofentür und warf den Schnuller hinein. Dass diese Tat von ihm selbst getan wurde, war der erste Schritt zum selbständigen Sprechen. Die Mutter hatte große Angst vor dem Weinbergloch und stupste Daniel in Richtung Ofentüre.

Zwei Jahre lang betreute ich Daniel, denn er hatte wie viele langjährige Schnullerkinder gravierende Sprachentwicklungsstörungen, die immer auch mit Bewegungsentwicklungsstörungen verbunden sind.

Die Kinderärzte schicken meistens Kinder ab vier Jahren mit Sprachentwicklungsstörungen zum Logopäden. Bei der Anamnese frage ich die Mutter: »Kaut das Kind?« »Nein, nicht richtig, es schluckt alles grob herunter.« Dann verordne ich: »Jeden Tag muss das Kind eine gelbe Rübe waschen, putzen, dann abbeißen und kauen.« Darauf sagt die Mutter gewöhnlich: »Ach nein, harte Sachen isst er nie.« Das bedeutet also, eine lange Zeit hat keine ordentliche Kaubewegung der Zähne im Zusammenhang mit der Zunge stattgefunden. Die Folge davon ist, dass die Zungenmuskulatur für die Lautbildungen nicht präzise genug zur Verfügung steht.

Leider sind solche Zusammenhänge auch vielen Kieferorthopäden nicht klar. In einem Gespräch mit einem Kieferorthopäden, der Kinder ab dem siebten Lebensjahr aufwärts betreut, vertrat ich meine Erfahrung, dass die frühkindlichen Sprachbewegungen von Lippen, Zunge, Zähne und Gaumen, die in den Kinderreimen angeregt werden, den kindlichen Kiefer funktional richtig entwickelt. Darauf entgegnete er: »Der Mensch stammt vom Affen ab, das Gebiss muss nur für Schnitzelessen tauglich gemacht werden.« Dass frühe Spracharbeit auch auf die Kieferbildung Einfluss hat, leuchtete ihm nicht ein. Die Beobachtung aber zeigt, dass Schnullerkinder häufig nicht richtig kauen. Bei der Nahrungsaufnahme durch den Schnuller (das Fläschchen) findet keine Kau- und Schluckbewegung statt, so dass die wichtigen Druckverhältnisse von Zungengrund und oberem Gaumen ausbleiben.

Die leibaufbauende Nahrung geht beim Kind durch die Mundorganisation hinein, die leibentwickelnde Kraft der Sprache geht aus dem Mund heraus. So kann der Mund-Nasenraum durch alle beschriebenen Maßnahmen harmonisch lebendig gebildet, aber leider auch durch falsche oder unterlassene Gewohnheiten verbildet und entwicklungshemmend sich auswirken.

»Nichts ist in der Welt, das nicht
ein Schall und ein Laut von sich gäbe«

MARTIN LUTHER

Es ist bemerkenswert, dass erst im 19. Jahrhundert damit begonnen wurde, Sprach- und Sprechauffälligkeiten zu therapieren, denn Sprach- und Stimmstörungen hatte es natürlich auch zuvor gegeben. 1830 wurden die Symptome Stottern (Balbutis) und Stammeln (Dyslalie) getrennt beschrieben. 1861 fand Paul Broca Zusammenhänge des Sprachzentrums mit sensorischer Aphasie. Aber beeinflusst wurde das Gebiet der Sprachforschung und der Sprachheilkunde auch schon Jahre zuvor, maßgeblich durch Johann G. Herders *Abhandlung über den Ursprung der Sprache* (1774). Interessanterweise ließen sich zunächst nur Menschen aus Sprechberufen zu Stimmtherapeuten ausbilden: Sänger, Schauspieler, Rhetoren, Pastoren und Lehrer – was zeigt, dass nur eine gut ausgebildete Sprache des Therapeuten Sprachvorbild sein kann.

Allmählich wurden dann Sprachstörungen auch medizinisch aufgefangen. Das heißt, dass an Kliniken Institute für Sprachheilkunde angeschlossen wurden. Die jeweiligen Klinikleiter legten ihre Interessenschwerpunkte fest, ohne dass Lehrpläne für eine logopädische Ausbildung vorlagen. Es waren also und sind bis heute hauptsächlich Ärzte, die klinisches Interesse an Sprachstörungen zeigen und therapeutische Maßnahmen durchführen lassen.

1962 entstand mit der Verabschiedung des Jugendwohlfahrtsgesetzes die erste Lehranstalt für Logopädie in Berlin. In den folgenden Jahrzehnten entstanden über 100 Lehranstalten und Schulen für die Ausbildung zum Logopäden.

Diese Entwicklung zeigt, dass die Pflege des Sprechenlernens und Sprechens zunächst allein durch das Elternhaus, die kirchliche Erziehung und die Schule geschah. Erst Ende des 19. Jahrhunderts finden wir vermehrt Lehrbücher zur Sprechtechnik, die Lautbildungen einzeln beschreiben, für Pädagogen, Theologen, Offiziere, Juristen, Schauspieler, Sänger und Lehrer.

Bemerkenswert dabei ist, dass Hans Calm 1890 von der »Gymnastik« der Zunge, der Lippen und des Unterkiefers spricht. Diese Auffassung vom Erbilden der Laute ist verloren gegangen. Heute werden die Laute völlig abstrakt nach der Art des Überwindungsmodus als Explosiv- oder Frikativlaute, als Orale, Labiale, Nasale, Dentale eingeordnet. Oder sie werden als »Sprachlaute durch Hemmung des Luftstroms an bestimmten Stellen des Ansatzrohres« beschrieben, die »Geräusche oder Klanggemische im Frequenzbereich 200-8000 Hertz erzeugen«.

Diese wissenschaftliche Ebene hat vom Rhythmisch-Lebendigen, dem Atmenden des Menschen nicht viel erfasst. Der Sprecher der Vokale hat nämlich bei jedem Laut ein anderes Gefühl. Der Mensch tönt unmittelbar Vokale, wenn er sein inneres Lebensgefühl oder sein Körpergefühl äußern will, so zum Beispiel bei Schmerz: **AU!**, bei Staunen: **AH!**, bei Ekel: **I!** oder: **E!**, bei Mitgefühl und Erschütterung: **O!**, bei Furcht: **U!**, beim Streicheln: **EI! EI!**

Das Erlebnis, das in mir ein **A** oder ein **I**, ein **U** oder ein **O** hervorruft, hat unmittelbaren Bezug zu meinem innersten seelischen Empfinden.

Die Elemente des Sprachprozesses

1. Vokale – Konsonanten – Rhythmus

Wie im vorigen Kapitel kurz gezeigt, sind die Vokale die Laute der inneren Seelenstimmung.

Wenn der Mensch aber Abläufe, Tätigkeiten in seiner Außenwelt mit Sprache äußern will, bildet er hierfür vorwiegend konsonantische Laute. Zwar sind die Vokalfarben dabei auch wichtig, jedoch fällt auf, dass der Mensch die Geräusche und Tastgefühle in seinem Umraum mit Konsonanten nachzuschaffen sucht: Feuer **brennt**, Laub **raschelt**, Regen **pflatscht**, Sand **rieselt**, Räder **quietschen**, Fische **flutschen**.

Herder überlegt in seiner *Abhandlung über den Ursprung der Sprache* (1780), wie das Phänomen des Blitzes mit Lauten nachgeahmt werden könnte: »Der Blitz schallet nicht, wenn er nun aber ausgedrückt werden soll, dieser Bote der Mitternacht!

> Der jetzt im Nu enthüllet Himmel und Erd
> und eh ein Mensch noch sagen kann: Sieh da!
> Schon in den Schlund der Finsternis hinab ist –

natürlich wirds ein Wort machen, das durch Hülfe eines Mittelgefühls dem Ohr die Empfindung des Urplötzlichschnellen gibt, die das Auge hatte – ›Blitz‹!«[4]

Wenn ich zu einem Menschen sage: »**Fort!**«, ziehe ich instinktiv die Unterlippe gegen die oberen Zähne: **fff** steht für Schnelligkeit – sofort! Das **O** bilde ich für etwas Abgeschlossenes, das **R** für Weiterrollen (fort!) und das **T** für den Abschluss und Abstoß.

Dadurch ist das Erzeugen der Sprache der individuellste, ichhafteste Vorgang des Menschen überhaupt. Denn keiner kann für einen anderen fühlen, tasten, schauen, hören. Wenn er **hart, sammet, borstig, wollig** sagt, ahmt er mit Lauten die ertastete Wirklichkeit nach.

»Wir hörende Geschöpfe stehn in der Mitte«, schreibt Herder, »wir sehen, wir fühlen; aber die gesehene, gefühlte Natur tönet! Sie wird Lehr-

---

4   Johann Gottfried Herder, Abhandlung über den Ursprung der Sprache, Stuttgart 1966, bibliographisch ergänzte Ausgabe 2001 (=Reclams UB 8729), S. 56 f.

meisterin zur Sprache durch Töne! Wir werden gleichsam Gehör durch alle Sinne!«[5]

Herder meint, ohne die tönende Natur in und um uns würden wir keine Sprache hervorbringen können. So sind unsere Lautbildungen der Vokale und Konsonanten Abformungen der tönenden Natur. »Da der Mensch bloß durch das Gehör die Sprache der lehrenden Natur empfängt […], *so ist Gehör auf gewisse Weise der mittlere seiner Sinne*, die eigentliche Tür zur Seele […].«[6]

Die Tür zur Seele öffnet sich aber auch durch den Rhythmus. Denn der Rhythmus ist der Ursprung des Lebens. Er zeigt sich im Wort als Silbigkeit.

Zuerst fängt der Mensch mit einsilbigen Worten an, wie zum Beispiel Ma – ma, Pa – pa, Ball. Dann folgt das Benennen von Dingen im Trochäus, bei dem der langen eine kurze Silbe folgt — ⏑ lang kurz,[7] wie

Son ne Wol ken Re gen.
— ⏑   — ⏑   — ⏑

Abstrakte Begriffe wie etwa

Ge fühl Ge walt Ge hör
⏑ —   ⏑ —   ⏑ —

treten erst später ins Bewusstsein. Sie werden jambisch gebildet: ⏑ — kurz lang.

Nicht ohne Grund liebten die Dichter der Klassik den fünffüßigen Jambus:

Ein gu ter Mensch in sei nem dunk eln Dran ge
⏑ — ⏑ — ⏑ — ⏑ — ⏑ —
Ist sich des rech ten We ges wohl be wusst.[8]
⏑ — ⏑ — ⏑ — ⏑ — ⏑ —

Das Grundmaß aller Rhythmen nennt man Vers*fuß*, was darauf schließen lässt, dass sich das Rhythmussilbengefühl aus dem *Schreiten* entwickelte. Die geläufigsten Versfüße sind:

---

5   Herder, S. 58
6   Ebd., S. 57
7   Die deutsche Metrik arbeitet eigentlich akzentuierend mit Hebung und Senkung (betont – unbetont) und nicht wie die antike quantifizierend mit Längen und Kürzen, dennoch übernehme ich hier und an den folgenden Stellen das Schema der antiken Metrik, weil es der Entstehung des Rhythmus *im Tun* (etwa beim Laufen), wie es in den folgenden Kapiteln beschrieben wird, mehr entspricht.
8   Goethe, Faust I, Vers 328-29

Trochäus	— ⌣	lang	kurz	
Jambus	⌣ —	kurz	lang	
Amphibracchus	⌣ — ⌣	kurz	lang	kurz
Daktylus	— ⌣ ⌣	lang	kurz	kurz
Anapäst	⌣ ⌣ —	kurz	kurz	lang

Eine komplizierte, rhythmisch gegliederte Satzstruktur kann ein Kind also erst schaffen, wenn es selbständig und sicher laufen kann.

Das heißt, die Sprachentwicklung hängt mit den Händen und Füßen zusammen. Aus Schritten entstehen Silben, und aus dem Tasten und Greifen der Finger und Hände formen sich die Laute, die später zur Wortgebärde werden.

Am *Türmerlied* von Goethe kann man den Rhythmus begreifen:

Zum Sehen geboren,

⌣ — ⌣ ⌣ — ⌣

Zum Schauen bestellt,

⌣ — ⌣ ⌣ —

Dem Turme geschworen

⌣ — ⌣ ⌣ — ⌣

Gefällt mir die Welt.

⌣ — ⌣ ⌣ —

Ich blick in die Ferne
Ich seh in der Näh,
Den Mond und die Sterne,
Den Wald und das Reh.
So seh ich in allen
Die ewige Zier
Und wie mir's gefallen
Gefall ich auch mir.
Ihr glücklichen Augen,
Was je ihr gesehn,
Es sei wie es wolle,
Es war doch so schön![9]

9   Goethe, Faust II, Vers 11.288-11.303

Hier besteht jede Zeile aus zwei Amphibracchen ($\smile — \smile$). Pro Zeile laufen wir jetzt einen kurzen Schritt – einen langen Schritt – einen kurzen Schritt und noch mal das Gleiche. Dann beginnt die neue Zeile. Dabei ist zu spüren: Bei jeder neuen Zeile beginnen wir zu atmen. Und genau diese Tätigkeit nennt man Rhythmus. Die vielgestaltigen Versfüße/Versmaße kann man mit dem Urrhythmus des Atems sprechen und laufen. Laufen und sprechen wir dieses Gedicht »Zum Sehen geboren …« mit dem Versmaß des Amphibracchus mehrmals, so ist zu bemerken, wie beschwingt und harmonisiert wir uns fühlen und wie wir durch das Greifen des Bodens mit Zehen und Füßen die Lautartikulation griffiger hervorbringen.

Die Sprache mit dem Atem, Rhythmus, Versmaß, den Vokalen, Konsonanten, Silben, dem Wort und dem Reim ist ein lebendiges Wesen. Kein Mensch wird dabei seinen Mund als »Ansatzrohr« erleben. Vielmehr ist schon beim Säugling die Bewegungsfreude zu erleben, mit seinen Lippen ein **Mmmmm**, ein **Wwwww,** ein **Bbbb** oder ein **Fffff** zu erzeugen. Und dann später die Freude, **Mama** oder **Wauwau** sagen zu können, oder viel später das Wort **Brei** oder **Feuer** zu sprechen.

Es sind die folgenden gestalteten Bewegungen, die wir beim Sprechen leisten:

1. Mit unserem hinteren Gaumen bilden wir **G, K, CH, R, H** (Gaumenlaute).

2. Mit der Zunge gegen den oberen Gaumen wird gebildet **D, T, L, N** (Zungenstützlaute).

3. Mit der Zungenspitze gegen die aufeinander gestellten Zähne bilden wir **S, Z** (Zungen-Zahnlaute).

4. Mit den Lippen werden **W, B, M, F, Pf** gebildet (Lippenlaute).

Wir müssen wieder dahin kommen, die Lauterzeugung aus unserem Bewegungsgefühl zu beschreiben. Man spricht zwar vom stimmhaften und stimmlosen **S,** doch wird nirgendwo dazu gesagt, wie man dieses stimmhafte und stimmlose **S** hervorbringt. Es ist die Zungenspitze, die beim stimmlosen **S** ganz vorn gegen die aufeinandergestellten Zähne drückt. Beim stimmhaften **S** geben wir wesentlich mehr Muskelspannung in die Zungenspitze.

Diese Bewegungstätigkeiten mache **ich** mit meinen Sprechwerkzeugen – keiner kann sie für mich übernehmen, und jeder Laut hat dabei seine Individualität.

Ein besonders sprachwuchtiges Gedicht stammt von Gottfried Benn:

Ein Wort

Ein Wort, ein Satz – : aus Chiffren steigen
erkanntes Leben, jäher Sinn,
die Sonne steht, die Sphären schweigen
und alles ballt sich zu ihm hin.

Ein Wort – ein Glanz, ein Flug, ein Feuer,
ein Flammenwurf, ein Sternenstrich –
und wieder Dunkel, ungeheuer,
im leeren Raum um Welt und Ich.

Bei diesem Gedicht beeindruckt nicht nur die inhaltliche Verdichtung, sondern vor allem die lautliche Gestaltung. Die Laute sind selbständige Gestaltwesen, die der Mensch mit der Luft und seiner Kehle, seiner Mundorganisation nachschafft.

2. Die Raumesdimensionen

Ein weiteres fundamentales Element des Spracherlernprozesses, das in seiner Bedeutung erst allmählich verstanden wird, ist das Ergreifen der **Raumesdimensionen.** Warum ist ihr Erüben als grundlegendes Sprachelement so wichtig?

Meine Beobachtung ist, dass das Kind im ersten Lebensjahr alle Voraussetzungen für die Raumesdimensionen **Oben – Unten, Innen – Außen, Vorne – Hinten** übend anlegt. Es dreht sich nach **rechts und links.** Es zieht sich in seinem Bettchen **hoch.** Es krabbelt **unter** dem Stuhl durch. Es wirft seine Puppe aus dem Bett **hinaus.**

Die Sprachentwicklung eines Kindes kann nur glücken, wenn es sich die Raumesdimensionalität mit seinen Händen und Füßen erarbeitet hat. Es baut mit seinen Händen aus Klötzen einen Turm nach **oben,** es versteckt sich **hinter** dem Vorhang, es wirft die Klötze in einen Korb **hinein.** So erarbeitet es sich die Raumesdimensionen **Oben – Unten, Vorne – Hinten, Innen – Außen** und bekommt ein Gefühl für die Umstandswörter **über – unter – auf – ab – aus – ein.**

Seine Entwicklung im Ergreifen der Dimensionsräume schafft die Voraussetzung dafür, dass sich das zwei- bis dreijährige Kind als abgeschlossenes Körperwesen erlebt und damit erst fähig wird, »Ich« zu sich zu sagen. Es erbaut sich mit seinen Sinnen im Ergreifen der Dimensionsräume selbst seine Sprach-Welt.

Und diese frühen Errungenschaften sind so tief als Sinneserlebnis im Menschen verankert, dass er kaum einen Satz sagen kann, der nicht von den Raumesdimensionen geprägt wäre. Denn im Mittelpunkt seiner Umwelt steht der Mensch, der mit seinen Füßen, Händen und Sinnesorganen wie Auge, Ohr, Mund und Nase die Welt wahrnimmt und sie durch Sprache äußert.

Füße → Gleichgewichtssinn | Bewegungssinn

stehen, stellen
sich etwas **ein**gestehen, etwas **durch**stehen,
überstehen, **unter**stehen, **unter**stellen,
sich **auf**stellen, **ver**stehen

gehen
auf etwas **ein**gehen, **aus**gehen, etwas **über**gehen,
jemanden **hinter**gehen, **durch**gehen, **ab**gehen, **ver**gehen
Eingang, **Aus**gang, **Über**gang, **Auf**gang, **Unter**gang

Hände → Tastsinn | Bewegungssinn

handeln
sich etwas **ein**handeln, etwas **aus**handeln,
abhandeln, **unter**handeln, **ver**handeln

greifen
durchgreifen, **aus**greifen, **auf**greifen,
übergreifen, **voraus**greifen, **ver**greifen

Ohr → Hörsinn

hören
aushorchen, sich **ein**hören, **auf**hören, **ab**hören,
überhören, **ver**hören

Auge → Sehsinn

sehen
etwas **durch**sehen, etwas **ein**sehen, etwas **über**sehen, **aus**sehen, **ver**sehen

blicken
Einblick, **Aus**blick, **Durch**blick

atmen
einatmen, **aus**atmen, **durch**atmen

schnüffeln
durchschnüffeln, **herum**schnüffeln

sprechen
Einspruch, **Aus**spruch, **durch**sprechen, **ab**sprechen, **ver**sprechen

schmecken
abschmecken, **ab**geschmackt

fressen
etwas **aus**fressen, **durch**fressen, **weg**fressen

Den heutigen Sprachverfall könnte man im Lichte dieser Erkenntnisse auch als Folge davon verstehen, dass die Raumesdimensionen kaum noch über die Hände und Füße sinnlich ergriffen werden und dadurch eine Schwächung der Persönlichkeitsstruktur erfolgt.

Die heutige Technik mit Maschinen, Computer, Auto, Fernseher hält uns geradezu ab, diese Raumesdimensionalität zu erleben. Wird die Chance des Erübens dieser Dimensionen dem Kind nicht gegeben, indem es die Welt vorwiegend virtuell erlebt, sind Sprachentwicklungsstörungen vorprogrammiert.

An dem lebendigen Wesen der Sprache werden sich Linguisten so lange die Zähne ausbeißen, bis sich die Erkenntnis durchsetzt, dass der Mensch nicht nur ein Wesen ist, das man durch Messen, Zählen und Wiegen erklären kann.

Er hat nicht nur einen Körper, sondern ist auch durchströmt von Gefühlsstrukturen wie dem Empfinden von Freude und Schmerz. Dazu kommt die Ich-Organisation, die nur vom Menschen getragen wird, gleichsam als der göttliche Funke, den jeder in sich trägt.

Die Bedeutung der Sinnesreizung für die Sprachentwicklung: Hörsinn – Gleichgewichtssinn – Tastsinn – Bewegungssinn – Sehsinn

Sprache organisiert den Menschen zu einem geistigen Wesen. Die Kräfte, die in den Lauten wirken, fördern, stärken und harmonisieren die gesamte Entwicklung des Kindes zwischen null und sieben Jahren in einem hohen Maße. Die ruhigen, schön gesprochenen Laute der Eltern erlebt das Kind als Wohltat, die Vokale, Diphtonge und Umlaute **A, E, I, O, U, EI, EU, AU, Ä, Ö, Ü**, die Konsonanten **B, M, P, W, F, PF** als Lippenlaute, **L, N, D, T** als Zungenstützlaute, **S, Z** als Zungenzahn-Laute, **SCH** als Zungenlaut, **G, K, R, CH, H, NG** als Gaumenlaute. Vor schneller, schlampiger Sprache schreckt es eher zurück.

Von Geburt an, ja schon im Mutterleib[10], werden Laute wahrgenommen. Diese wirken gestaltend auf das Gehirn. Noch vor 150 Jahren brauchte man sich um die Sprachentwicklung der Kleinkinder nicht zu sorgen. Die Menschen mussten sich ohne Hilfsmittel akustisch verständlich machen können. Sie sangen Lieder, rezitierten Gedichte und Balladen, erzählten Märchen und Geschichten. Dazu gebrauchten sie nur ihren Mund.

Heute können wir Kinderreime, Kinderlieder und Märchen auf Tonträgern kaufen und kleinen Kindern als Unterhaltung vorsetzen. Bekommen ihnen aber diese Gaben?

Ist dem Kind hier Ursache und Wirkung erlebbar?

Wenn die Mutter selbst spricht und singt, so sieht das Kind, wie sich ihre Lippen bewegen, fühlt die Wärme des Atems, ihres Körpers, und fühlt sich liebevoll angeschaut. MP3, CD, Radio, Fernsehen etc. vermitteln diesen Ursache-Wirkungs-Zusammenhang nicht. Das heißt, das Kind hört Lieder, Reime, Geschichten, ohne erleben oder wahrnehmen zu können, wie sie gemacht werden, wie sie entstehen. Sie kommen eben aus der Plastikkiste.

Als Sprachtherapeutin beobachte ich, dass sich das Fehlen des Zusammenhangs von Ursache und Wirkung besonders auf die Sprachentwicklung verheerend auswirkt. Kinderlieder und Reime, die dem Kind schon in den ersten Lebenswochen vorgesungen und gesprochen werden, regen nicht nur den Hörsinn an, sondern durch das Hören wird auch der Gleichgewichtssinn entwickelt, da der Gleichgewichtssinn im Ohr verankert ist. Damit wird die gesamte Körperentwicklung gefördert.

10 Joachim-Ernst Berendt, Das Dritte Ohr. Vom Hören der Welt, Reinbek 1988

Die Menschen wussten immer schon intuitiv um die notwendige Ernährung des Hörsinns, des Gleichgewichtssinns, des Tast- und Bewegungssinns, denn alle Völker haben Kinderlieder, Kinderreime und Kinderreigen hervorgebracht.

Leider geschieht es heute zu häufig, dass wir diese alten Kinderreime als unwichtige Wortspielereien abtun, und nur Sätze wie: »So jetzt essen wir … So jetzt wechseln wir die Pampers … Sei ruhig … Hörst du, jetzt kommt der Papa« ernst nehmen.

Es sind aber die rhythmischen Lautwiederholungen, die Wiederholungen der Vokale und Konsonanten, durch deren Reize über das Ohr die Voraussetzung für das Lautbilden im Sprachzentrum des Gehirns veranlagt wird.

Je schöner artikuliert und je rhythmischer die Laute gesprochen werden, desto präziser werden sie dem Sprachzentrum des Gehirns eingeprägt und legen eine hervorragende, archetypische Einzellautgebärde im Gehirn an, so dass zum Beispiel die Lautgebärde **EI** später in der Schule in eine geschriebene Lautbewegung mühelos übergehen kann und als Lautidentität einverleibt wird. So kann sich kein legasthenisches Verhalten einstellen.

Schauen wir uns einen Reim, der schon für ein sechs Wochen altes Kind gesprochen werden kann, einmal näher an.

Kinnewippchen,
Rotes Lippchen,
Nuppelnäschen,
Augenbräuchen,
Härchen Zipp!

Der Erwachsene berührt jeweils mit seinem Finger das Kinnchen, die Lippen usw. Wir haben hier fast alle Konsonanten und die meisten Vokallaute. Von den Gaumenlauten, die als letzte in der Sprachentwicklung erlernt werden, sind alle vorhanden: **K, G, CH, R, H**. Und von den Zungenstützlauten werden **L, N, T**, von den Zungenlauten **S, Z** und von den Lippenlauten **W, P, B** artikuliert.

Die Artikulation der Vokale hängt von der Stellung von Ober- und Unterkiefer sowie der Lippen ab.

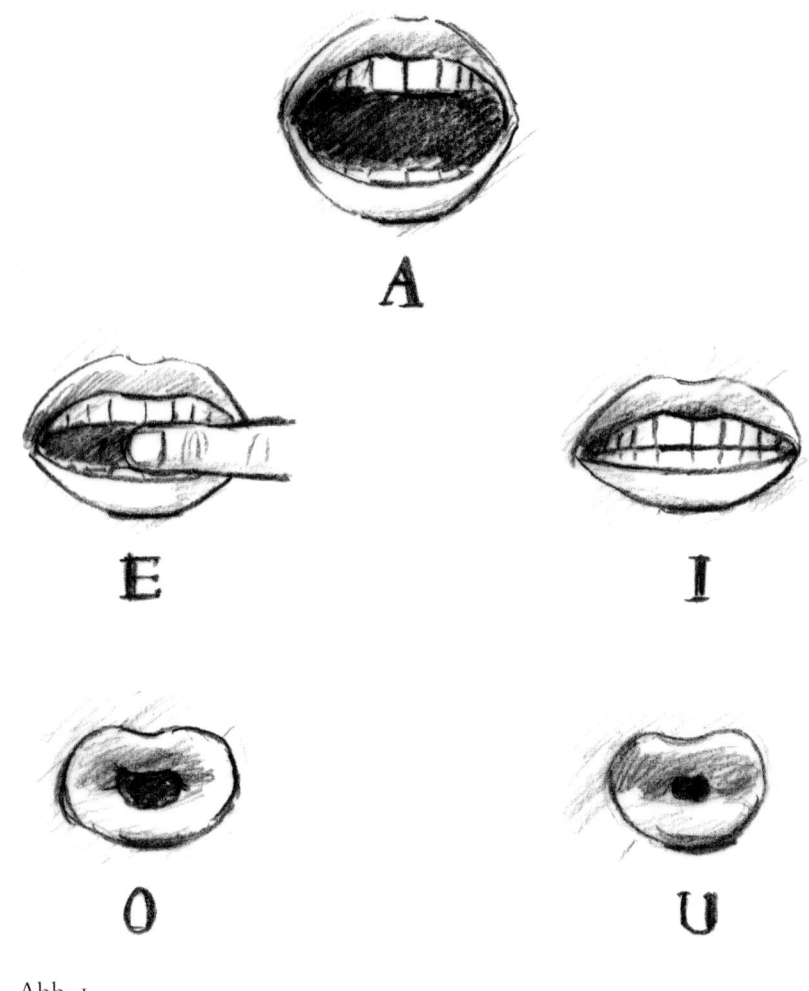

A

E I

O U

Abb. 1

Rhythmisch baut dieser Reim – wie die meisten der ersten Kinderreime – auf dem Trochäus auf. In der deutschen Sprache »trochäen« wir, wenn wir die Dinge benennen.

Teller, Gabel, Pfanne (siehe Seite 19)

— ◡ — ◡ — ◡

Dieses Silbenmaß wirkt beruhigend. Sprechen Sie jetzt selbst den Reim *Kinnewippchen* rhythmisch übertrieben, schmecken Sie dazu die Laute (Buchstaben) und bilden Sie die Stützlaute **L, N, T** am Widerstand des oberen Gaumengewölbes – und nicht bequemerweise an den oberen Schneidezähnen. Spüren Sie jetzt selbst, wie die Lautbewegung vom Gaumen hinten (**K**) über die Zunge am oberen Gaumen (**N**) zu den Lippen (**W, P**) dann zum hinteren Gaumen (**CH**) und wieder zum oberen Gaumen (**N**) wandert. Man ist also mit diesem Wort »Kinnewippchen« im ganzen Mundraum tätig gewesen.

Dieses Sprüchlein mache ich mit Kindern, die drei- bis dreieinhalbjährig zu mir kommen, aber den Sprachentwicklungsstand eines zwei- bis zweieinhalbjährigen Kindes haben. Diese Lautverbindungen werden so geliebt, dass selbst die größeren und kleineren Geschwister, die bei der Behandlung anwesend sein dürfen, auch von mir *Kinnewippchen* gemacht haben wollen.

Das Beispiel mag zeigen, dass die Artikulationskräfte unserer heutigen Nutzsprache nicht an die geheimnisvollen Sprachbildekräfte der alten Kinderreime und Kinderlieder heranreichen. Denn wann sprechen wir schon langsam und schön artikuliert, begleiten mit Bewegungen einen Kinderreim und konzentrieren uns ganz auf unser Kind? Sprache läuft nebenher! Deswegen wird auch das kindliche Spiel als lebensnotwendige Tätigkeit nicht ernst genommen. Warum muss das Kind einen Korb fünfzig Mal ausleeren und wieder füllen? (siehe Seite 32, Abb. 5) Da könnte es sich doch sinnvoller beschäftigen, sagen wir in unserem Leistungswahn. Aber gerade in den ersten Monaten geschieht Entscheidendes für die spätere Lebenstüchtigkeit.

Denn kaum ist das Kind geboren, beginnt der Kampf gegen die Schwerkraft. Unermüdlich übt es zuerst die Fingerchen zu öffnen, die Händchen, die Ärmchen zu heben, das Köpfchen zu halten, sich zu drehen, zu robben, sich fortzubewegen, zu sitzen und endlich zu stehen und zu gehen.

Sich also gegen die Schwerkraft zu behaupten, ist eine unerhört große Leistung, die das Kind während der ersten vierzehn Lebensmonate erbringt.

Es bildet bei all diesen Entwicklungsschritten seinen lebenswichtigen Gleichgewichtssinn aus. Das Kind lernt entdecken, dass es nichts auf diesem Planeten gibt, das der Erdenschwere entgehen könnte, aber dass es möglich ist, wenn es sich an die Schwerkraft gewöhnt hat, aufzustehen, zu laufen, auf einen Baum zu klettern oder einen Ball in die Luft zu werfen.

Die Sicherheit und das Vertrauen, mit der eigenen Schwere umzugehen, schaffen naturgemäß einen großen Drang, alles erfassen zu wollen.

So verwundert nicht, dass Kinderärzte, die speziell für Entwicklungsstörungen ausgebildet sind, außerordentlich genau auf diese ersten Bewegungsformen wie robben, krabbeln usw. schauen, denn wir wissen jetzt, dass Lebenstüchtigkeit und Sozialverhalten bereits in diesen, in den ersten vierzehn Monaten angelegten Fähigkeiten erworben werden.

So tun wir unserem Kind Gutes, wenn wir ihm Zeit und Ruhe lassen, all diese lebensentscheidenden Bewegungsmuster zu erüben. Leider reißen wir Kinder aus Unwissenheit oft aus ihrem Tun heraus und schleifen sie im Auto zum Einkaufen, zur Oma, zu Freunden, muten ihnen dabei das laufende Radio zu und setzen sie unserer Hektik aus. Jetzt muss sich das Kind jedes Mal an die neue Umgebung gewöhnen. Das nimmt ihm Kraft und beeinträchtigt seinen Übe-Willen. Es verliert Lust und Freude am Entdecken neuer Bewegungen.

Interessanterweise beobachtet Jean Ayres, dass die Sinneswahrnehmungen aus dem Gleichgewichtsorgan gemeinsam mit Wahrnehmungen aus Muskeln, Gelenken und dem Sehorgan in der Großhirnrinde verarbeitet werden müssen, damit wir erkennen, wo wir uns im Raum befinden.[11] Diese Kenntnis wird wiederum zu den motorischen Regionen in der Hirnrinde weitergeleitet und diese bestimmen unsere Körperbewegungen und Hantierungen mit Gegenständen.

So kann es etwa für ein Kleinkind mit Störungen des Gleichgewichtssinns schwierig werden, ein Stück Papier mit einem anderen zusammenzukleben, da sein Gehirn diese beiden Papierstücke im Raum nicht einander zuordnen kann. Oder ein älteres Kind mit ähnlichen Störungen ist nicht in der Lage, Buchstaben, die es schreiben soll, richtig auf der Zeile anzuordnen.

Gleichzeitig zur Ausbildung des Gleichgewichtssinns erfährt auch die Ausbildung des Bewegungs- und Tastsinns eine ungeheure Bedeutung für die spätere Entwicklung.

Der Säugling umgreift mit seinen Fäustchen alles, was ihm hingestreckt wird. Er erschmeckt die Gegenstände dann, indem er sie in den Mund steckt. Das Kind muss diese unzähligen Greif- und Tastbewegungen machen, um die mannigfaltigen Beschaffenheiten der Gegenstände zu ertasten. Denn das Ertasten, das Begreifen der Dinge, schafft die absolut notwendige Voraussetzung für das spätere Sprachvermögen.

Das Kind will spitzig, rund, glatt, gewellt, glitschig, bröselig usw. erleben. Denn dieses betastende und begreifende Wahrnehmen schafft in späterer Zeit die Voraussetzung für eine wortschatzreiche Sprache.

Der Kinderpsychologe Jean Piaget stellte fest, dass Kinder mit abstraktem Nützlichkeitsdenken nicht vor dem siebten oder achten Lebensjahr beginnen. Er vermutet, dass das menschliche Gehirn, wenn es eine konkrete Kenntnis seines Körpers und der physikalischen Kräfte der Welt besitzt, in der Lage ist, abstrakte Vorgänge zu verarbeiten. Sieben bis acht Jahre des Bewegens und Spielens seien notwendig, um einem Kind die sensomotorischen Fähigkeiten zu vermitteln, die es als Grundlage für seine intellektuelle, soziale und persönliche Entwicklung dringend braucht.

---

11   Jean Ayres, Bausteine der kindlichen Entwicklung. Die Bedeutung der Integration der Sinne für die Entwicklung des Kindes, Berlin, Heidelberg 1992, 2. Aufl.

Abb. 2

Mit welcher Hingabe betastet das kleine Kind auf Bild 2 eine Tannennadel! Obwohl der Hörsinn schon im fünften Schwangerschaftsmonat voll
ausgebildet ist, wird der Sehsinn erst allmählich durch den Tastsinn, also durch
Berühren und Begreifen erweckt. Wenn der Gleichgewichtssinn gut arbeitet,
gibt er die Fingerspitzen frei, die greifen, tasten und ausprobieren, wie die
Beschaffenheit der Tannennadel ist, ob schwer, leicht, spitz, lang oder kurz.

Abb. 3

Bei der Darstellung in Bild 3 untersucht das Kind die Zugkraft durch das Halten von Papier und die Geräusche, die beim Reißen entstehen. Das Reißen von Papier stellt hohe Anforderungen an den Gleichgewichtssinn. Das Kind muss dauernd abwägen und gewichten, wieviel Druck es der Haltehand und der Reißhand geben darf, damit der Riss gerade verläuft.

Abb. 4

Bei Bild 4 ertastet es rund, lang, glatt, schwer, leicht, es schlägt den Kochlöffel gegen den Boden und hört das Klacken. Je mehr der Sehsinn (Augenmuskulatur), der Tastsinn (Berühren mit der Hand), der Gleichgewichtssinn (Gewichten von Körperteilen), der Bewegungssinn (Muskulatur und Knochenorganisation) und der Hörsinn tätig sein dürfen, desto begieriger wird das Kind, die Funktionen der Gegenstände erforschen zu wollen.

Jean Ayres beobachtete, dass alle Wahrnehmungen über die Sinne, insbesondere der Bewegungssinn, geradezu »Futter« für das Nervensystem sind, denn jeder Muskel, jedes Gelenk, jeder kleinste Hautabschnitt, vor allem die Sinnesorgane am Kopf (Augen, Ohren, Nase, Mund) senden ihre sensomotorischen Reize zum Gehirn.

Ohne dieses Wahrnehmungsfutter unterschiedlichster Art kann sich das Nervensystem nicht adäquat entwickeln, denn das Gehirn braucht die vielfältige sensorische Nahrung, um in der richtigen Weise zu funktionieren.

Abb. 5

Bei Bild 5 übt das Kind die Wollknäuel aus dem Korb hinaus- und hinein-
zuwerfen und das immer wieder von neuem. Als Mutter denkt man dann:
»Ach muss das sein? Jetzt sind gerade alle Knäuel wieder darin, warum wirft es
sie wieder heraus?«

Aber hier passiert etwas ganz Erstaunliches in der kindlichen Entwicklung, denn das Kind übt jetzt die Raumesdimensionen von **ein** und **aus,** von
drinnen und **draußen**. Später wird daraus **herein** und **heraus**.

Abb. 6

Bei Bild 6 stellt es die Klötzchen aufeinander, so viele es eben gleichgewichten kann. Fällt der Turm um, so beginnt es wieder von neuem. Das Kind übt hierbei nicht nur Raumesqualitäten, die sich später in Worte umwandeln, sondern auch ein Mengengefühl, wie viele oder wie wenig Klötzchen es ergriffen hat, und bildet dabei ein erstes Zahlengefühl: Ein Klötzchen, noch ein Klötzchen und noch ein Klötzchen stellt es aufeinander.

Diese ganzen Vorgänge konnte ich an Christof beobachten, der mit drei Jahren zu mir kam und wohl alles verstand, aber nicht sprechen konnte, sondern nur auf die Dinge deutete, mit den Worten: »Das da!« Die Mutter sagte mir, er hätte zwischen null und zwölf Monaten alles angefasst, aber sofort wieder fallen gelassen und hätte keine Geduld gehabt, mit Klötzchen oder Knäueln zu spielen.

Wir bauten miteinander zunächst mit größeren, dann mit kleineren Holzklötzen, und ich begleitete die Greifbewegungen mit den entsprechenden Worten. Ich sagte: »Ein Stein.« Dabei stellte ich einen Holzklotz auf den Boden. Christof beobachtete nur. Ich sagte: »Noch ein Stein«, und stellte einen weiteren Klotz darauf. Und so fort, bis der Turm umfiel, dann sagte ich: »Alles wieder unten!«

Und dann begann das Ganze von Neuem … Das übte die Mutter täglich mit ihm, und siehe da, nach einer Woche kamen aus seinem Mund die Worte: »Ein Stein, noch ein Stein … alles wieder unten …«, zwar noch unartikuliert und zögernd, aber sie kamen. Mit Klötzen bauten wir einen Stall. Die Kuh ging hinein, ich machte das Türklötzchen zu. Dann machte ich das Türklötzchen auf, die Kuh ging heraus, um den Stall herum und wieder hinein und die Türe ging wieder zu. Diese Übung machte die Mutter in Variationen mit ihm täglich.

Es folgten andere Übungen, und allmählich kam die Sprachentwicklung in Gang. Zu Anfang der Therapiestunde begann ich immer mit »Kinnewippchen«, »Backe, backe Kuchen« (siehe Seite 62), »Da hast einen Taler« (siehe Seite 46).

Christof hat sehr schön sprechen gelernt, indem er alle Lautbewegungen erzeugen konnte. Er kam dann in eine Sprachheilschule, einen Schultyp, der das übliche Lernpensum der Regelschule anbietet, allerdings mit dem Schwerpunkt Sprachhilfe. Was sich jetzt als große Schwierigkeit ergab, war, dass er jetzt den gehörten Laut nicht in den geschriebenen Buchstaben umsetzen konnte (siehe S. 9).

Ich vermute, dass ihm im ersten Lebensjahr die nötigen Erfahrungen des Tastens, des Greifens, des Gewichtens und des Erfassens der Gegenstände mit dem Sehsinn gefehlt haben. Die Zusammenarbeit der Sinne (Integration der Sinne) schafft nämlich die Grundlage dafür, den gehörten und gesprochenen Laut in den geschriebenen umzuwandeln.

Abb. 7

Nach Jean Ayres ist die äußere Schicht der Großhirnhemisphäre, die Großhirnrinde zum Beispiel, bei Menschen hochgradig spezialisiert. Davon ist etwa ein Zentrum für die visuelle Wahrnehmung zuständig, ein anderes verarbeitet die Interpretation von Geräuschen aus der Umgebung, wieder ein anderes ist für das Sprachverständnis gebildet. Große Zentren sind angelegt für die Bedeutung der Körperempfindungen und mehrere Zentren für die willensmäßige Kontrolle des Körpers. Interessant ist, obgleich es für jeden Körperteil Zentren gibt, dass die Zentren für Finger-, Hand- und Sprachmuskulatur wesentlich ausgedehnter sind als diejenigen für den übrigen Körper. Obwohl diese Hirnzentren auf ganz bestimmte Informationen spezialisiert sind, empfängt dennoch jedes Zentrum noch zusätzlich Informationen von den anderen Sinnesorganen. Zum Beispiel werden im visuellen Zentrum auch Teile von Geräusch-, Tast- und Bewegungserlebnissen verarbeitet. Sehr häufig reagiert das gleiche Rindenneuron auf zwei oder mehrere Arten von Sinnesempfindungen. So vollbringt die Hirnrinde die Integration aller Arten von Sinnestätigkeiten.

Abb. 8

Auf Bild 8 ist das Kind jetzt schon so groß, dass es sich hochziehen, stehen und vielleicht auch schon laufen kann. Einen Laufstall halte ich in dieser Zeit für sehr gut, denn der abgegrenzte Raum im Raum sorgt für die Ruhe, die das Kind braucht, um die Gegenstände seiner näheren Umgebung auf ihre Funktionen hin zu untersuchen, sowie die Geschehnisse auf Ursache und Wirkung zu prüfen. Den Ball kann es **rollen**, aber auch **halten** und **werfen**. Große Anziehungskraft haben die Dinge, mit denen die Mutter arbeitet. Mit dem Kochlöffel kann es **rühren** oder eine Kastanie **aufnehmen** und ihr **Gewicht spüren**. In das Sieb (aus Blech) kann es Klötze und Kastanien **werfen** und dabei verschiedene Töne erzeugen: es **klappert**, es **klickert**, es **scheppert**, es **klockelt**. Und was kann es mit seiner Puppe machen? Die Puppe hat zwei Arme wie das Kind, die kann es mit seinen Händen **anfassen**, kann sie an den Haaren **ziehen,** sie an sich **drücken**.

Meistens haben die Kinder heute Kuscheltiere, Teddybären, Seehunde, Affen, Muppets oder sogar Monster.

35

Die Puppe aber ist ein Abbild des Menschen. Was die Puppe am Kind erfüllt, kann kein Kuscheltier leisten. An der Puppe kann das Kind nämlich alles nachahmen und erleben, was die Mutter mit ihm selber macht. Die Stofffetzen kann es **zusammenballen, knüllen, verdrehen,** irgendwo **hineinstopfen,** damit **wedeln, wischen, reiben.**

Jean Ayres beobachtet auch, dass das Kind in diesem Alter nun anfängt, nach Gegenständen Ausschau zu halten, die verdeckt und ihm aus dem Gesichtskreis geraten sind. Dadurch dass das Kind sich um den Gegenstand herumbewegen kann, lernt es zu begreifen, dass die Gegenstände noch da sind, auch wenn es sie nicht sehen kann. Das ist der Beginn, sich Dinge vorstellen zu können. Je verschiedener die Dinge also sind, die es bei seinem Herumstreifen untersuchen darf, desto mehr Übung bekommen seine Formwahrnehmungen und seine Anpassungsreaktionen.

So lernt zum Beispiel sein Gehirn, immer neue Bewegungssequenzen in geordneter Reihenfolge zu planen und auszuführen, indem es irgendetwas zusammenlegt oder wieder auseinandernimmt. Genauso lernt es jedes Mal, wenn es sein Essen mit dem Löffel durcheinander rührt oder mit einem Bleistift kritzelt, etwas über die Gegenstände und Werkzeuge hinzu, wie man sie benützt.

Abb. 9

Auf Bild 9 kann das Kind laufen, und es befragt jetzt die Welt mit seinem ganzen Körper, mit Armen und Füßen. Es hebt Dinge auf, wirft sie weg, zieht vielleicht ein Wägelchen hinter sich her. Es geht überall hinein und hinaus, geht die Treppe hinauf und hinunter, steigt in alles hinein, oft zum Entsetzen der Eltern. Kriecht unter Stühlen durch, steigt auf Holzbeugen, reitet auf dem Schaukelstuhl, balanciert auf dem Bordstein usw.

Die lautbildende Kraft im Kinderreim

1. Aus der Tätigkeit entsteht der Laut

Abb. 10

Auf Bild 10 untersucht das Kind einen vom Erwachsenen geordneten Funktionsraum, zum Beispiel den Nähkasten der Mutter, und entdeckt die Werkzeuge Nadel, Faden und Schere, mit denen die Mutter ein Loch im Strumpf gestopft hat.

So erlebt es jetzt hautnah, wie die Urhandwerksbewegungen die Keimstätte bilden für die Lautentstehung.

Wenn man mit Finger und Daumen einem Faden entlang fährt und ein **F** dazu spricht, bekommt man ein Gefühl dafür, wie der Laut aus der Bewegung entsteht. Die Nadel dagegen ist spitz und entspricht gefühlsmäßig dem **S**. Die Schere schneidet, diese Bewegung entspricht dem Laut **SCH**: **ritsche, ratsche.** Der Handwerksreim für den Schneider lautet:

Säcke flicken, Säcke flicken,
Habe keine Nadel.
Schneider, Schneider, hopp hopp hopp,
Näh mir einen guten Rock!
Wenn ich zähle eins, zwei, drei,

Muss das Röckle fertig sein.
Eins, zwei, drei,
Das Röckle ist entzwei!

Wir haben in diesem Reim die Laute **S, F, N.** Säcke sind das, was zusammengenäht ist – mit der **s**pitzen Nadel – deshalb: **Sssäcke fff**licken, mit dem **Fffaden**, der durch die **Lufff**t fährt. Der Laut **N** bei **Nnnadel** entsteht am Widerstand des **Stoffes.** Das Beispiel kann uns zeigen, wie diese Finger-, Hand- und Armbewegungen, mit denen wir das Werkzeug, nämlich die **Nadel**, den **Faden**, den Stoff bewegen, Laute hervorbringen, die wir mit dem Mundwerkzeugen nachahmen und auf diese Weise in Lauten äußern.

Noch deutlicher ist dies beim Reim des Schreiners:

Säge, säge Holz entzwei,
Große Stücke, kleine Stücke
Schni schna, schni schna, schnucks!

S und **Z** formen nach, wie die spitzen **S**ä**ge**z**a**cken sich ins Holz reiben. **SCH** bildet die vorwärts-rückwärtsschiebende Sägebewegung nach.

2. Die Wichtigkeit der Raumesdimensionen für die Sprachentwicklung

Mit dem Laufenlernen fängt jetzt das Kind an, die Dinge zu benennen. Das Sprechenlernen beginnt. Das Kind lernt jetzt zu gehen, zu sprechen und komplexe Handlungen zu planen und durchzuführen. Aber ohne die sensorische Integration, die im ersten Lebensjahr stattfinden muss, wäre es für das Kind wesentlich schwieriger, diese Tätigkeiten zu erlernen, und ohne zunehmende Reizverarbeitung im zweiten Lebensjahr würde die Entwicklung der folgenden Jahre sehr schwierig werden.

Was übt das Kind aber in dieser Zeit wirklich?

Es übt, seinen Körper in den Raumesdimensionen zu erfahren. Das bedeutet, der Mensch kann den Raum nur durch sein eigenes Ich erschließen.

Oben – unten, vor mir – hinter mir, neben mir – über mir,
da drinnen – da draußen

Das sind Raumesorientierungen, die jeder nur durch seinen eigenen Kopf, seine aufgerichtete Wirbelsäule, seine Leibesorganisation und seine Gliedmaßen erschafft. So nimmt der Eine etwa seinen Nachbarn als **rechts** stehend wahr, während dieser ihn als **links** stehend erlebt. Und das Kind legt in diesem beschriebenen Zeitfenster, in dem es die Raumesdimensionen erübt, die Fundamente für den richtigen Satzbau.

Diese Erkenntnis konnte ich vor allem an Kindern gewinnen, die noch mit vier, fünf oder gar sechs Jahren einen falschen Satzbau, einen sogenannten **Dysgrammatismus** hatten.

Sagt ein Kind zum Beispiel noch mit fünf Jahren: »Der Apfel auf das Tisch liegt« oder: »Ich Stadt gehe«, dann hat das Kind die Raumesdimensionen in der Zeit des Laufen-Lernens und Laufen-Könnens nicht genug erüben können.

Ich mache dann folgende Übung: Das Kind steht auf einem Stuhl und sagt mit mir zusammen: »Ich bin ganz groß.« Dabei streckt es die Arme ganz hoch in die Luft und sagt dann: »Ich springe herunter« und springt. Danach sagt es: »Ich bin unten.« Dann sagt es: »Ich krieche durch« und kriecht unter dem Stuhl durch. Dann lege ich mit dem Hüpfseil einen Kreis. Jetzt sagt das Kind: »Ich springe herein« und tut es. »Ich springe heraus« und tut es. Dann stelle ich einen kleinen Schemel hin. Jetzt sagt es: »Ich springe herauf« und tut es. »Ich springe herunter« und tut es.

Auch die Eltern machten diese Dimensionsübung täglich mit ihrem Kind, und nach Wochen ist der Satzbau richtig geworden.

Im folgenden Kinderreim bauen die Engel diesen Dimensionsraum auf wunderbare Weise um das Kind.[12] Nur der Mensch kann sich als individuelles Ich-Einzelwesen erleben. Das verdankt er den Raumesdimensionen. So übe ich etwa mit meinen Therapiekindern folgenden Kinderreim:

Abends, wenn ich schlafen geh	der Finger zeigt auf das Kind
Vierzehn Englein um mich stehn	der Finger zeichnet den »kleinen« Engelskreis nach
Zwei zu meiner Rechten	wir deuten auf die zwei rechten Engel
Zwei zu meiner Linken	wir deuten auf die zwei linken Engel
Zwei zu meinen Häupten	wir deuten auf die Engel zu Häupten
Zwei zu meinen Füßen	wir deuten auf die Engel zu Füßen

12   Siehe hierzu auch die Abbildung in: Heide Mende-Kurz, *Sonne Sonne scheine*, S. 6

Zwei die mich decken	wir machen die Bewegung von oben nach unten
Zwei die mich wecken	wir machen die Bewegung von unten nach oben
Zwei die mich weisen	wir bewegen Hände und Arme im
In das himmlische Paradeisen	»großen« Kreis über den Himmel

3. Die Wichtigkeit der Sinnesintegration für die Sprachentwicklung

Es sind die sinnvollen Bewegungen, durch die der **Gleichgewichtssinn,** der **Hörsinn,** der **Sehsinn,** der **Bewegungssinn,** der **Tastsinn** und der **Sprachsinn** gleichermaßen entwickelt werden, deren Verknüpfung untereinander – die sogenannte Sinnesintegration – die Voraussetzung für eine gesunde Sprachentwicklung schafft.

Nach diesem geheimnisvollen Prinzip des Zusammenspiels aller Sinne, ausgebreitet über die ganze Körpergestalt, haben alle Völker früher instinktiv richtig gehandelt, denn wir finden überall auf der Welt, dass Kinderreime nur mit begleitenden Gliedmaßen und Körperbewegungen gesprochen werden.

So **klatscht** die Mutter auf das **Händchen** ihres Kindes bei dem Kinderreim: »Da hast einen Taler …« Bei »Dille dille dänzchen …« **kribbelt** sie mit den **Fingern** in seinen Händchen.

Die Mutter ruft das Kind, das gerade Laufen gelernt hat und vielleicht zehn Schritte von ihr entfernt wartet: »Wer kommt in mein Kuckuckshaus?« Das Kind läuft in die **Arme** der Mutter und die Mutter **umschließt ganz fest** das Kind und sagt: »Das ist mein Kindchen.«

Bei *Hoppe hoppe Reiter* reitet das Kind auf den **Schenkeln** der Mutter. Die Mutter spricht:

Hoppe, hoppe Reiter,
Wenn er fällt, dann schreit er.
Fällt er in den Graben,
Fressen ihn die Raben.
Fällt er in den Sumpf,
Macht er einen Plumps.

Dazu **wippt** sie mit den **Füßen,** und jeweils bei »Graben« und »Sumpf« lässt sie das Kind leicht und bei »Plumps« **kopfüber** nach **hinten kippen.**

4. Der große Schatz der alten Kinderreigen

Auch der große Schatz der **Kinderreigen** entwickelt die notwendige Sinnesintegration, welche die Basis für das spätere Sprachvermögen, die Musikalität und die allgemeine geistige Beweglichkeit legt, wie es etwa der folgende Reigen zeigt:

> Häslein in der Grube,
> Saß und schlief.
> Armes Häschen, bist du krank,
> Dass du nicht mehr hüpfen kannst?
> Häschen hüpf, Häschen hüpf!

Ein Kind sitzt in der **Hocke** in der Mitte. Um es herum **laufen** die Kinder, Mutter, Vater etc. im Kreis, **halten** sich an den **Händen** fest und **singen**: »Häslein in der Grube …«

Bei »**Häslein hüpf**« **hüpft** das Kind zu einer Person im Kreis, dann darf diese sich wieder in die Mitte **hocken** und der Reigen beginnt von neuem.

Allein können Mutter und Kind den folgenden Reigen zusammen **tanzen**:

> Brüderchen, komm tanz mit mir!
> Beide Hände reich ich dir,
> Mit dem Köpfchen nick nick nick,
> Mit dem Fingerchen tick tick tick,
> Einmal hin, einmal her,
> Rundherum, das ist nicht schwer.
>
> Mit den Füßen tapp tapp tapp,
> Mit den Händen klapp klapp klapp,
> Einmal hin, einmal her,
> Rundherum, das ist nicht schwer.
>
> Ei, das hast du fein gemacht,
> Ei, das hätt ich nicht gedacht,
> Einmal hin, einmal her,
> Rundherum, das ist nicht schwer.

Mutter und Kind gehen aufeinander zu, **fassen** sich an den Händen und ahmen die **gesungenen Bewegungen** nach. Bei »Einmal hin, einmal her«

laufen sie zwei **Schritte** nach rechts, zwei Schritte nach links und **drehen sich im Kreis**. Bei »Ei, das hast du fein gemacht« **klatschen** sie in die Hände.

Dieser Reigen zeigt überdies geradezu klassisch die Reihenfolge in der Körperwahrnehmung, die beim Kind immer mit dem Kopf anfängt. Wenn nämlich das Kind geordnet zu malen beginnt, malt es zuerst den Kopf, den sogenannten Kopffüßler. Der Refrain »Einmal hin, einmal her« bildet die Raumeserfahrung von Rechts und Links und löst Wohlbehagen und Geborgenheit aus, denn es kehrt das Gleiche immer wieder.

Man hält dieses Brauchtum der Kinderstube leicht für ein naives, überholtes Getue. Weit gefehlt! Man beachte vielmehr, wie dabei Gleichgewichtssinn, Tastsinn, Sehsinn, Hörsinn, Sprachsinn in harmonischer Verbindung miteinander geübt werden. Die Übungen gehen vom Kopf über die Finger, die Hände, den Leib bis in die Füße.

Schauen wir uns nun **Ringel, Ringel Reihe** näher an:

Ringel, Ringel Reihe,
Wir sind der Kinder dreie,
Wir sitzen unterm Holderbusch
Und machen alle husch, husch, husch!

Die Kinder und Erwachsenen **fassen** sich an den **Händen**. Dabei wird das **Tasten**, das **Greifen**, das **Halten**, das **Laufen**, das **Richtung**halten und das **singende Sprechen** geübt. Bei »husch, husch, husch!« gehen alle in die **Hocke**, und es entsteht ein **Unten** nur durch das mühsame **Gleichgewichthalten**. Machen Sie diesen kleinen Reigen mit einem zwei bis dreijährigen Kind, und Sie werden beobachten, wie sich das Kind freut. Jetzt darf es seine große **Bewegungsfreude** in gemeinsamen gleichen **Bewegungsabläufen** mit anderen Kindern, Mutter und Vater, also mit anderen Körpern ausleben. **Herumbalgen** und **Herumtollen** mit Gleichaltrigen oder Älteren und mit Erwachsenen kennt das Kind bereits. Hiermit wird jetzt das Zahlengefühl von einer Zweiheit zu einer Vielheit angelegt. Aber jetzt sind es die gezielten und geplanten Bewegungsabläufe, die auf einer neuen Stufe das Ineinanderarbeiten der Sinne weiterentwickeln.

Gerade die einfache, sich immer wiederholende Melodie regt das Hören von reinen Tönen sowie die Atmung in ungeahnter Weise an und legt dadurch den Grundstein für die spätere Lust am Singen.

Die Reigen sind in dieser Zeit bis zum siebten Lebensjahr das Übungsfeld für Hören, Atmen, Sprechen, Singen, Sehen, Gleichgewichten, Koordinieren von Fingern, Händen und Fußbewegungen, Gedächtnistraining und Sozialverhalten.

Kinderreime, Kinderlieder, Fingerspiele, Reigenspiele, Märchen und Geschichten können nie veralten, denn sie bilden und ernähren die Seele des Kindes.

Auch folgenden Reigen kann man zu zweit machen:

Refrain:
Zeigt her eure Füße, zeigt her eure Schuh,
Und sehet den fleißigen Waschfrauen zu

Waschbewegung:
Sie waschen, sie waschen, sie waschen den ganzen Tag

Refrain:
Zeigt her eure Füße, zeigt her eure Schuh,
Und sehet den fleißigen Waschfrauen zu

Wringbewegung:
Sie wringen, sie wringen, sie wringen den ganzen Tag

Refrain:
Zeigt her eure Füße …

Bügelbewegung:
Sie bügeln, sie bügeln, sie bügeln den ganzen Tag

Refrain:
Zeigt her eure Füße …

Nähbewegung:
Sie nähen, sie nähen, sie nähen den ganzen Tag

Refrain:
Zeigt her eure Füße …

Klatschbewegung:
Sie klatschen, sie klatschen, sie klatschen den ganzen Tag

Refrain:
Zeigt her eure Füße …

Tanzbewegung:
Sie tanzen, sie tanzen, sie tanzen den ganzen Tag

Refrain:
Zeigt her eure Füße ...

Schlafbewegung:
Sie schlafen, sie schlafen, sie schlafen den ganzen Tag

Bei diesem Reigen haben wir die wunderbare Wiederholungsbewegung mit den Füßen, (einmal rechter Fuß nach vorne, einmal linker Fuß nach vorne) und Bewegungsabläufe, die nun die Tätigkeiten der Erwachsenen nachahmen, aber immer in eine rhythmische Bewegung gehüllt.

5. Das Ursache-Wirkungsprinzip im Kinderreim

Ab dem zweiten Lebensjahr fängt das Kind an, die Arbeitsbewegungen der Erwachsenen nachzuahmen. Diese Nachahmung der Tätigkeit der Erwachsenen, die bis in das siebte Lebensjahr andauert, ist für die Entwicklung des Kindes fundamental wichtig, denn es erfährt durch sie die logischen Zusammenhänge von Ursache und Wirkungsprozessen und den Werdegang der Tätigkeiten.

Die Mutter wäscht die schmutzigen Socken, wringt sie aus, hängt sie auf die Leine, um sie an der Luft zu trocknen, und legt die sauberen Socken in den Schrank zurück. Sie schüttet Mehl in die Schüssel, gießt die Milch hinein, schlägt ein Ei dazu und rührt einen Brei, gibt einen Schöpflöffel voll Brei in die Pfanne, wendet den Pfannkuchen, und ist er hellbraun gebacken, darf das Kind den Pfannkuchen essen. Der Vater sägt mit der Säge einen Ast ab, plötzlich liegt der Ast unten. Auch technische Abläufe werden nachgeahmt und auf Ursache und Wirkung untersucht. Beliebt dafür ist zum Beispiel das Telefon.

Schaut man sich die Kinderreime auf das Ursache-Wirkungsprinzip und den Werdegang der Tätigkeiten an, so stellt man fest, dass sie von Tätigkeiten der Engel, der Menschen, der Tiere und der Naturwesen sprechen.

Fünf Engelein haben gesungen,
Fünf Engelein kommen gesprungen.
Das erste bläst das Feuer an,
Das zweite stellt das Pfännchen dran,
Das dritte schütt das Süppchen rein,

Das vierte tut brav Zucker drein,
Das fünfte sagt: s'ist angericht,
Iss, mein Kindchen, brenn dich nicht!

Alle Kinderreime begleiten wir immer mit Bewegungen: die Blasebewegung, das Pfännchen hinstellen, das Süppchen hineinschütten, den Zucker streuen, das fertige Süppchen hintragen. All diese Bewegungen konzentrieren sich um ein Zentrum.

Schaut man sich jeweils die Anfangszeilen der folgenden Kinderreime an, so bemerkt man, wie jede Zeile vor Aktivität strotzt und auf den Werdegang der Tätigkeiten hinweist:

Da hast ein Taler / Gehst auf den Markt ...

Guten Tag, Herr Gärtnersmann, haben Sie Lavendel ...

Wie reiten denn die Herren? / Ra! ra! ra! ...

Morgens früh um sechs / Kommt die kleine Hex ...

Gretel Pastetel, / Was machen die Gäns ...

Storch, Storch, Langbein, / Wann fliegst du in das Land hinein ...

Schlaf, Kindlein, schlaf! / Der Vater hüt die Schaf ...[13]

---

13 In *Sonne Sonne scheine*, meinem ersten Sprachbilderbuch (0-6 Jahre) sind die oben erwähnten Reime mit den Bildern dazu gestaltet. So auch im zweiten Sprachbilderbuch *Gretel Pastetel* (2-7 Jahre). Dort erweitert sich jetzt allerdings der Lebensraum des Kindes auf Garten, Hof, Essen und Schlafen. Im dritten Sprachbilderbuch *Das bucklige Männlein* wird der fortlaufende Reim vom buckligen Männlein in realistischen Innen- und Außenräumen gestaltet. Bei ihm fällt eine Fülle der Umlaute **Ä, Ö, Ü** auf. Das Kind kann sie sich archetypisch einverleiben und wird später beim Diktat oder Aufsatz **Ä** und **E, EU** und **AU** oder **ÄU** und **EU** trotz des lautlichen Gleichklangs viel weniger verwechseln. Siehe Seite 106.

6. Der Kinderreim als fundamentale Lautanbahnung

Kinderreime lassen das Kind nicht nur die äußeren Tätigkeiten seiner Umwelt nacherleben, sondern bilden auf unnachahmliche Weise seine Sprache aus. Bei dem folgenden Reim klatsche ich bei kleinen Kindern bei jeder Zeile zweimal ins Händchen, bei größeren bei jeder Silbe. Das Kind wiederholt das gleiche in meine Hand.

Da hast ei - nen Ta - ler,
Gehst auf den Markt,
Kaufst dir ei - ne Kuh,
Und ein Kälb - chen da - zu.
Das Kälb - chen hat ein Schwänz - chen
Und macht dil - le dil - le dänz - chen.

In diesem Reim kommen die Stützlaute wie **L, N, D, T** in gedrängter Fülle vor. Deshalb ist er so wichtig. Wir wissen, die Zunge ist bei **L, N, D, T** hoch oben im Gaumen, da drückt sie gegen den Gaumenbogen und nicht gegen die oberen Schneidezähne, wie es üblicherweise heute leider als bequemster Weg praktiziert wird.

Nur in alten Sprechbüchern für Schauspieler kann man noch lesen, dass das **T** am harten Gaumen oben gebildet wird.

Was uns heute als exakte Lautartikulation schwierig, übertrieben und anstrengend erscheint, war früher für viele Bevölkerungsschichten eine Selbstverständlichkeit. Der Mensch vor dem Technikzeitalter musste die Muskelbewegung der Sprechwerkzeuge übertreiben, wenn er in einem größeren Raum noch verstanden werden wollte. Er machte den Mund weit auf, dadurch konnten die Schallwellen fülliger beladen werden. Heute ist kein Mensch, der nicht sprachlich geschult ist, mehr in der Lage, vor 30 Leuten ohne Mikrofon zu sprechen. Die Sprachmuskulatur ist so geschwächt, dass sich Menschen schon in einer Entfernung von vier Metern nicht mehr verstehen, wenn sie sich nicht zuschreien. Schreien ist aber eine Überanstrengung für die Stimmbänder. Diese reagieren dann sogar mit Knötchenbildung bei schwerer Belastung – wie oft bei Lehrern, was wir dann als Heiserkeit registrieren. Ich hatte vorzugsweise Männer in Behandlung, die den ganzen Tag telefonierten, Sitzungen leiten mussten oder als Lehrer unterrichteten. Am Abend waren sie dann stockheiser und nach drei bis sechs Monaten solcher Belastung brachten sie überhaupt keinen Ton mehr heraus. Sie wussten gar nicht, dass Sprechen auf reiner Muskelbewegung beruht. Sie sprachen mit der Kehle anstatt mit der Lippen-, Zungen-, Wangen- und Gaumenmuskulatur. Die Schallwellen, die mit diesen Bewegungen erzeugt werden, sind weithin verständlich. Die Stimmbänder sind die Schwingungsklinger, gleich der Geigensaite. Die Muskelbewegung des Fingerspiels auf der Geigensaite ist vergleichbar mit dem Zusammenspiel der Muskelbewegungen von Zunge, Lippen, Gaumen und Wangen.

Worte wie ha**st,** geh**st,** Ma**rkt,** kau**fst,** Kä**lbch**en, Schwä**nzch**en, dä**nzch**en haben es in sich, denn zwei bis drei Konsonanten hintereinander zu sprechen, ist nicht leicht. **S** und **Z** sind zusammen mit den Stützlauten **T, N** in ha**st,** kau**fst,** Schwä**nzch**en, dä**nzch**en. Wie bilden wir ein **S** und **Z**? Die Zähne werden so aufeinandergestellt, dass die Mittellinie der oberen Schneidezähne exakt die Mittellinie der unteren trifft.

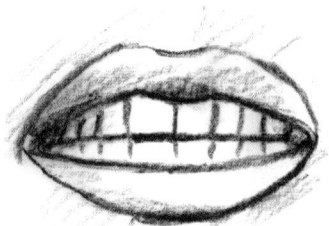

Abb. 11

Viele Menschen haben einen leichten Überbiss und meinen, sie schaffen es nicht, die Zähne exakt aufeinanderzustellen. Bildet man aber ein ausgiebiges **N** mit der Zunge im Gaumen, so kommt der Unterkiefer von alleine nach vorne. Dazu gehört nur Übung. Und jetzt bildet man **S** und **Z** gegen die geschlossenen Schneidezähne. Zu dem Kind sage ich: »Die oberen und unteren Zähne sind ein Gartenzaun. Und jetzt machen wir den Gartenzaun ganz fest zu, denn dahinter wohnt die Mutter Maus, die hat ein rotes Hütchen auf und Stöckelschuhe an, und die Maus spricht nur **S S S S.** Und wenn die Mutter Maus sagen will: ›Heute ist schönes Wetter‹, so klingt das bei ihr **S S S S S.** Auch wohnt der Vater Maus hinter dem Gartenzaun mit Rucksack und großen Sandalen. Er spricht nur immer **Z Z Z.** Und wenn er sagen will: ›Wir gehen in den Wald‹, so klingt das bei ihm **Z Z Z Z Z.**«

Bei »geh**st**« ist die Zunge erst hinter den aufeinandergestellten Zähnen, bei **T** – schwupp – oben im Gaumen. Welche Arbeit beim Wort Ma**rkt** am hinteren Gaumen zu leisten ist, merkt man erst, wenn man einmal – **rkt** – alleine spricht. Bei Kä**lbch**en kommt sogar noch der Lippenlaut **B** dazu.

So werden bei **K** und **CH** der hintere Gaumen, bei **L** die Zunge, bei **B** die Lippen bewegt. Schwä**nzch**en ist ein schwieriges Wort, das muss ich oft lange mit den Kindern üben, weil es schon mit einem **SCH** anfängt.

Das **SCH** ist meistens einer der letzten Laute in der Sprachentwicklung, der oft Schwierigkeiten bereitet. Kinderärzte schicken mir die Kinder, bevor sie in die Schule kommen, wenn sie **Sule** statt **Schule** sagen. Das **SCH** ist deshalb ein schwieriger Laut, weil man nicht genau sagen kann, wo und wie man diesen Laut richtig bildet. Sehr viele Erwachsene bilden diesen Laut irgendwie, so dass er sich annähernd wie **SCH** anhört.

Eingangs wurde beschrieben, dass der Lautbildeprozess bereits in den ersten Monaten beginnt, in denen der Säugling stundenlang babbelt und alle nur erdenklichen Lautschöpfungen übt. Sprache kann sich nur durch Hören der Laute entwickeln, oft bildet das kleine Kind dann Laute, die ähnlich klingen, wie es sie gehört hat, aber es bildet sie noch an einer falschen Stelle im Mund. »Deest du«, statt »gehst du«, »das tann ich nicht«, statt »das kann ich nicht« oder »Fümlein« statt »Blümlein«.

Ich habe beobachtet, dass das **SCH** von allein richtig gesprochen wird, wenn Kinder die Stützlaute **L, N, D, T** richtig im Gaumen oben bilden, denn die Zunge schwingt bei **SCH** frei an dieser Stelle, wo auch das **L, N, D, T** gebildet wird. Für **L, N, D, T** sage ich zum Beispiel: »Im Gaumen oben wohnt das Wassermännlein, da gehen wir jetzt hin und sagen ›Guten Morgen‹.« Oder wenn kein Gefühl für den hinteren Gaumen da ist, etwa bei **G, K, CH, R, H,** sage ich: »Im Hals da sitzt ein Zwerglein, dem sagen wir jetzt ›Grüß Gott‹.«

Folgender Reim ist hervorragend für die **SCH**-Bildung geeignet:

Ri – ra – rutsch,
Wir fahren mit der Kutsch;
Mit der Kutsche fahren wir,
Auf dem Esel reiten wir,
Ri – ra – rutsch,
Wir fahren mit der Kutsch.

Hier lasse ich das Kind auf dem selbst gebastelten Steckenpferd reiten. Ich reite mit ihm zusammen, spreche die erste Zeile, und das Kind macht es nach – Zeile für Zeile.

Es tritt dabei genau das ein, was ich oben beschrieben habe, nämlich, dass die Zunge das **SCH** im oberen Gaumenraum mühelos schafft, wenn der Stützlaut **T** richtig gebildet wird. Denn wie oft sagen die Kinder »**ruts**« (rutschen) und »**Kuts**« (Kutsche), weil sie das **T** und das **S** nur an den Schneidezähnen bilden oder sogar die Zunge zwischen die oberen und unteren Schneidezähne stecken. Auch ist dieser Reim hervorragend geeignet für Kinder, die den hinteren Gaumen noch nicht benützen, die zum Beispiel statt »**Kutsch**« »**Tutsch**« sagen. Das **R** in **Ri – ra – rutsch** trainiert den hinteren Gaumen.

Da ja der Zahnwechsel bei Kindern oft schon mit fünf Jahren oder früher einsetzt, meint man, dass die Zahnlückenzeit reichlich ungünstig wäre für die Anbahnung des **S, Z** und **SCH.** Meine Beobachtung ist aber, dass gerade die täglichen Übungen mit den Kinderreimen die gesamte Mundmotorik kräftigen und die Zungenbewegungen ordnen und harmonisieren. Da die Kinder gelernt haben, bei **S** und **Z** die Zähne aufeinanderzustellen, können sie notfalls den Finger quer zur Zahnlücke legen, damit die Zunge einen Widerstand hat.

Bei dem Reim *Wie reiten denn die Herren?* werden geradezu klassisch die Laute am hinteren Gaumen, die Zungen-, Zahn- und Lippenlaute geübt:

Wie reiten denn die Herren?
Ra! ra! ra!
Wie reiten denn die Jüngferchen?
Zimperlim zimzim!
Wie reitet denn der Bauersmann,
Der nicht besser reiten kann?
Hobbeldi bobbeldi boo!

1. Reiter: Gaumen **H, R**
2. Reiter: Zunge – Zähne **Z, L**
3. Reiter: Lippe **B**

Ich habe die Erfahrung gemacht, dass es für Kinder sinnvoll ist, wenn sie die Reimbilder immer mit den gleichen Bewegungen begleiten.

Bei *Storch, Storch, Langbein*[14] fahren wir jedes Mal über den Rücken des Storchs, wenn ich »Storch« spreche. Das Kind wiederholt es unmittelbar danach, und dieses Ritual gilt für alle Kinderreime. Bei **Langbein** fahren wir von oben nach unten am Bein entlang. Bei **Wann fliegst du in das Land hinein?** stehen wir auf und fliegen mit schwingenden Flügelbewegungen der Arme im Kreis herum, und das Kind ahmt alles immer nach. Bei **Bringst dem Kind ein Brüderlein** setzen wir uns wieder, und ich öffne die Arme weit und führe sie zusammen, als wenn ich ein Kind wiegen wollte. Bei **Wenn der Roggen reifet** nehmen wir aus einem Körbchen voller Roggenkörner ein Körnlein heraus und fahren damit auf dem dazugehörigen Bild von der Wurzel zu den Ähren hinauf und lassen es oben liegen. So legen einmal das Kind und einmal der Erwachsene zu dem Satz **Wenn der Roggen reifet** ein Körnlein zur Ähre, und dadurch können vielleicht zehn bis fünfzehn Körnlein oben in einer Reihe zu liegen kommen, wenn dieser Satz zehn bis fünfzehn

---

14 Siehe mein Bilderbuch *Sonne, Sonne scheine* (1996)

Mal erklingt. Die feinmotorische Übung wird noch dadurch intensiviert, dass wir im Wechsel jedes Körnlein mit Zeigefinger und Daumen ergreifen. (Ich habe die Erfahrung gemacht, dass es sinnvoll ist, wenn Kinder die Reimbilder immer mit den gleichen Bewegungen begleiten.) Die Finger bilden dabei eine »Zange«, und damit wird auch das **Z** durch die aufeinandergestellten Zähne geübt. So sprechen wir zum Schluss: »Ein Körnlein zurück in den Korb« und machen es wieder abwechselnd.

Bei **Wenn das Fröschlein pfeifet** fahre ich genau die Umrisse des Frosches nach. Bei **Wenn die goldnen Ringen** schüttle ich ein paar Münzen in meiner rechten Hand, und bei **In der Kiste klingen** lasse ich sie in ein kleines Holzkistchen, das ich in der linken Hand halte, hineinklimpern. Das Kind wiederholt das alles. Bei **Wenn die roten Appeln** nehme ich einen Ball aus einem Korb voller Bälle, halte den Ball hoch in die Luft und bei **In dem Korbe rappeln** werfe ich ihn wieder zurück in den Korb und rapple dann mit den Bällen im Korb.

Da viele Kinder das **R** nicht richtig bilden können, ist **Roggen reifet** sehr hilfreich zum Beispiel für Kinder, die statt **R** ein **L** bilden. Sie sagen dann, **wenn der Loggen leifet.** Phonetisch hört sich **R** und **L** sehr ähnlich an.

Bei den beschriebenen Übungen wechseln grob- und feinmotorische Bewegungen in harmonischer Weise ab. Die Verse sind aber auch eine wunderbare grammatische Übung.

Storch, Storch, Langbein,	
Wann fliegst du **in das Land** hinein,	Richtungsakkusativ: Wohin?
Bringst **dem Kind** ein Brüderlein?	Dativ
Wenn **der Roggen** reifet,	Nominativ (mask.)
Wenn **das Fröschlein** pfeifet,	Nominativ (neutr.)
Wenn **die goldnen Ringen**	Nominativ (Plural)
In der Kiste klingen,	Dativ als Lokativ: wo?
Wenn **die roten Appeln**	Nominativ Plural
In dem Korbe rappeln.	Dativ als Lokativ: Wo?

Hier hört also das Kind einen grammatisch richtigen Satzbau.

Diesen Reim mache ich auch verstärkt mit Kindern, die **den** und **dem** verwechseln. Phonetisch klingen **N** und **M** ja sehr ähnlich, sind aber von der Lautbildung ganz verschieden. **M** wird von den Lippen gebildet, und **N** ist ein Zungenstützlaut, der im Gaumen oben gebildet wird. Ich beobachte, dass Kinder, die im ersten Lebensjahr häufig Schnupfen- und Ohrenprobleme hatten, diese Laute nicht exakt über das Hören einprogrammieren konnten.

In meiner Anamnese frage ich die Mütter immer, ob das Kind im ersten Jahr viel erkältet war. Bejahen sie diese Frage, so könnten die Lautbildungen weniger stark ausgeprägt sein. Diese Kinder sagen dann etwa: »Bringst den Kind ein Brüderlein«, statt: »Bringst dem Kind ein Brüderlein«, oder »Wenn die roten Appeln in den Korbe rappeln«, statt: »Wenn die roten Appeln in dem Korbe rappeln.«

Diese Sprachentwicklungsstörungen, **N** und **M** im Satzbau grammatisch nicht richtig sprechen und schreiben zu können, kann noch bis in die Schulzeit andauern.

Ich übe dann mit den Vorschulkindern mit Gegenständen, die ich auf den Tisch lege: Der Bleistift liegt auf **dem** Tisch. Ich lege die Knete neben **den** Bleistift. Ich rolle die Kugel zu **dem** Bleistift. Ich werfe **den** Ball in **den** Korb. Ich male mit **dem** Farbstift.

Dabei wird die Bewegung durch die Sprache begleitet, mehr noch, die Greifbewegung mobilisiert die Sprache und macht die räumliche Beziehung zwischen den Gegenständen erst erlebbar und begreifbar.

Wer will fleißige Handwerker sehn?

Noch vor 150 Jahren sahen die Kinder den Schuster, den Schmied, den Steinmetz. Aber was tun, wenn diese Ur-Tätigkeiten aus dem Lebensumfeld der
Kinder verschwunden sind? Beseelt von der Idee, Kinder müssten gute Vorbilder zum Nachahmen haben, gestaltete ich das »Handwerkerbuch«[15], ohne
zunächst zu ahnen, welche fundamentale Notwendigkeit die Handwerksbewegungen für die Sprachentwicklung haben können.

Steinmetz

Ich stelle das jeweilige Bild so vor das Kind hin, dass eine kleine Werkstatt
entsteht. Ein großer Holzklotz ist der Stein, der zwischen die Knie geklemmt
wird, ein flaches Holz ist der Meisel, ein kleinerer Klotz der Hammer. Rhythmisch schlägt der Hammer auf den Meisel.

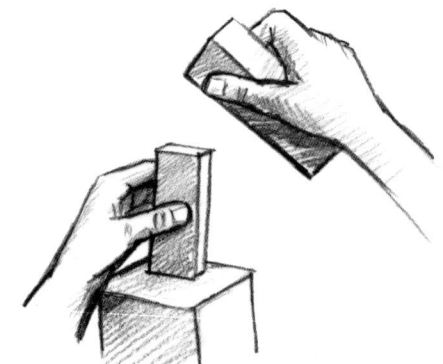

Abb. 12

15 Heide Mende-Kurz: *Wer will fleißige Handwerker sehn? Sprachbilderbuch für 3- bis 8-Jährige,*
1995. Da Kinder heute in der Regel nicht mehr erleben, wo und wie unsere alltägli-
chen Gebrauchsgegenstände entstehen, ist es immer wieder erstaunlich, wie stark sich
meine Therapiekinder mit diesem Handwerkerbuch verbinden. Rhythmus und Reim
werden gesprochen zusammen mit der Handbewegung am Werkstück. So ist dieses
Buch ein Tätigkeitsbuch für Mund und Hände und zeigt deutlich, wie eng die Tätigkeit der Hände und die Sprachentwicklung sich bedingen.

Ping pang Steinmetz,
Der Steinmetz klopft die Steinklötz.
Er klopft sie glatt,
Dass man hat
Sie zum Bauen
Von den Mauern.
Ping pang Steinmetz,
Der Steinmetz klopft die Steinklötz.

Bei »klopft sie glatt« soll das Kind **glatt** erleben, indem es mit der Handfläche über die glatte Oberfläche des Meisels hinstreicht.

Abb. 13

So können jetzt die flachen Hölzer nebeneinander gelegt werden und die anderen Klötze darauf, und so entsteht eine Mauer. Es baut sich wieder ein **Unten** und **Oben** auf.

Abb. 14

Man kann zum Beispiel mit Kindern einer ersten Klasse die Fäuste aufeinander pochen, die Glätte der Hände mit der offenen Hand fühlen lassen und dann einen hohen Turm mit den gemeinsamen Händen bauen.

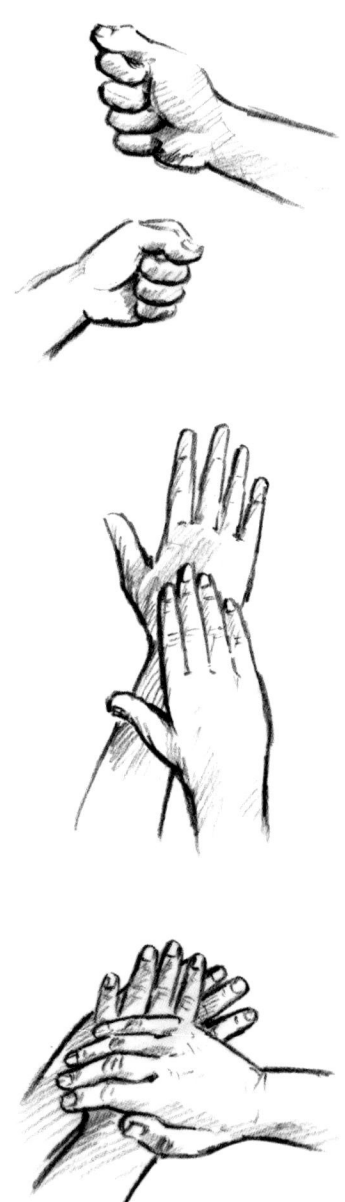

Abb. 15

Entscheidend, dabei ist, dass die Nasenlaute **ing, ang** lang schwingen und der Mund dabei weit geöffnet ist. Bei **Steinklötz** müssen wieder die Zungenstützlaute **L, N, D, T** und das **Z** äußerst präzise artikuliert werden. Oft klatsche ich dann nochmals den **Steinmetz** auf jede Silbe.

Schmied

Wenn ich **Ri ra rutsch** mit einem Kind gemacht habe (siehe Seite 48, dann gehen wir meistens zum Schmied. Das Kind hat ein Hämmerlein und ich habe einen Hammer und schlage wieder rhythmisch zu »Schmied, Schmied …« auf den Stil des Steckenpferdes, und das Kind wiederholt es.

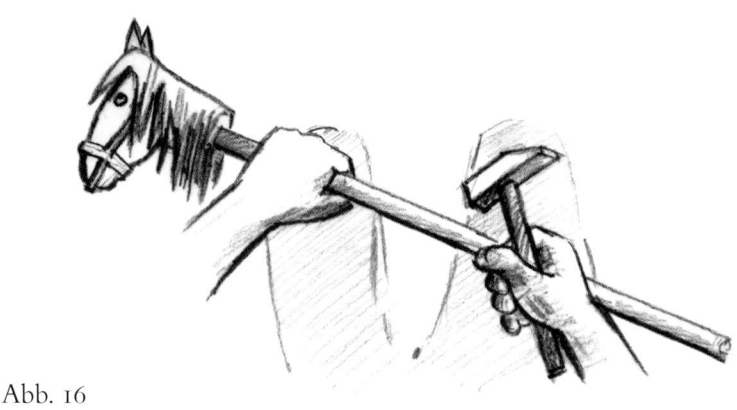

Abb. 16

Schmied, Schmied, Schmied,
Nimm dein Hämmerlein mit!
Wenn du willst den Gaul beschlagen,
Musst dein Hämmerlein bei dir tragen.
Schmied, Schmied, Schmied,
Nimm dein Hämmerlein mit!

Auch hier bringt die Bewegung die Sprache in Gang durch das **Oben** und **Unten** des Hammerschlags.

Schreiner

In der Schreinerwerkstatt lernen wir das **S, Z und S C H**. Die **S**äge-**z**acken oder die Ra**s**pel**z**acken reiben gegen den Widerstand des Holzes, so wie die Zungenspitze gegen den Widerstand der aufeinandergestellten Zähne drückt.

Säge, säge Holz entzwei,
Große Stücke, kleine Stücke,
Schni schna,
Schni schna,
Schnucks!

Hier entsteht eine **Vorwärts-Rückwärts**-Bewegungslinie.

Abb. 17

Macht man **Säge säge Holz entzwei** in einer ersten Klasse, so stellen zwei Kinder sich gegenüber, berühren sich mit den Fingerspitzen und los geht es **vorwärts-rückwärts**.

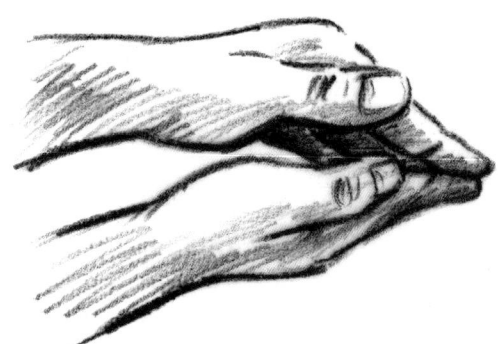

Abb. 18

Töpfer

Beim Töpfer üben wir die **Rechts-Links-**Bewegung. Hier sprechen wir ganz gezielt einmal die rechte und einmal die linke Gehirnhälfte an, indem wir die Bienenwachsknete von der einen Hand in die andere geben, ganz fest mit den Fingern zusammendrücken und dazu rhythmisch sprechen.

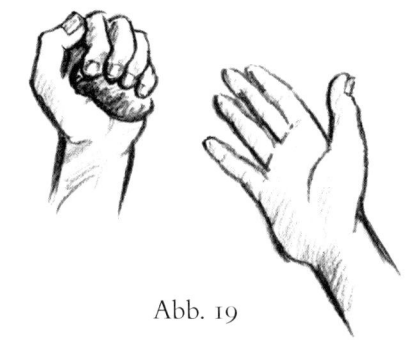

Abb. 19

Klatsch, batsch, wumm,
Der Ton wird krumm.
Fingerlein, Fingerlein
Macht ein Loch.
Feste drückt,
Ihr könnt es doch,
Kring, krang, Kröplein,
Dann wird es auch ein Töpflein.

Abb. 20

Klatsch, batsch, wumm,
Der Ton wird krumm.
Drehe, drehe Erde
Und das Töpflein werde!
Mit den Fingerlein
Eins, zwei, drei,
Ist der Henkel auch dabei.

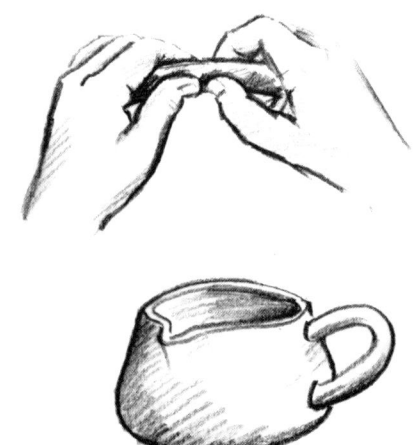

Abb. 21

57

Für ein fünf- bis sechsjähriges Kind ist es noch schwer, ein gleichmäßig geformtes Henkelstück mit den Fingerspitzen herzustellen. Rollen wäre einfacher, aber nicht so wirkungsvoll. Das Wachswürstchen wird dann an das Töpfchen quer oder längs angesetzt. Das fertige Werkstück wird in die »Töpferwerkstatt«, das heißt vor das Töpferbild gestellt. So sieht das Kind, dass es wie der Töpfer im Buch auch ein Töpfchen hergestellt hat. Sprachlich üben wir hier den Gaumenlaut **K, R** und den Nasenlaut **ing, ang, kring, krang**. Bei diesem Handwerk wird immer ein Innenraum geschaffen und damit ein **Innen – Außen**.

Korbflechter

Beim Korbflechter üben wir das Flechten. Einen Zopf richtig flechten zu können, zeugt bereits von einer Gehirnreife, wie auch das Schleifenbinden-können ein Zeichen für die Schulreife ist. Merkwürdigerweise fällt das Flechten den meisten Kindern sehr schwer.

Ich nehme dann drei verschiedenfarbene lange Socken und lasse sie damit üben. Wenn das Flechten gekonnt wird, empfehle ich der Mutter, drei Streifen eines alten Bettlakens der Länge nach mit ihrem Kind abzureißen und damit ein Hüpfseil zu flechten, oder wir flechten Zöpfe aus Bast oder Maisblättern und nähen die Zöpfe aneinander, machen ein Körbchen und sprechen beim Flechten »Winde Weiden, flechte Rohr …« Bei dieser Handwerkstätigkeit wird die **Rechts-Links-**Dimension geübt bzw. vorausgesetzt.

Abb. 22

Abb. 23

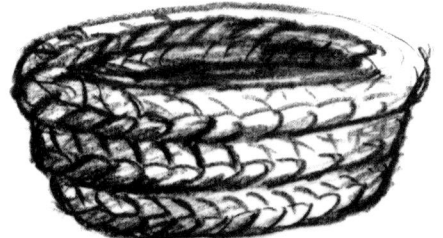

Abb. 24

Winde Weiden,
Flechte Rohr,
Schilf und Rinde
Wie der Mohr!
Und allmählich
Ohne Sorg
Langsam, langsam
Wird der Korb.

Schuster

Beim Schuster reiben wir mit der rechten Hand an der linken inneren Längsseite unseres Schuhs **vor und zurück** und sprechen dazu **Schuhmächerli, Schuhmächerli, was kosten deine Schuh?** Wichtig ist dabei die **rechte** Hand am **linken** Schuh und die **linke** Hand am **rechten** Schuh.

Bei **Drei Bätzeli** schlagen wir mit der flachen Hand dreimal auf den Schuh, und bei **Nägeli** simulieren wir mit den senkrecht gestellten Fingern den Nageleinschlag in den Schuh.

Schuhmächerli,
Schuhmächerli,
Was kosten deine Schuh?
Drei Bätzeli, drei Bätzeli
Und Nägeli dazu.

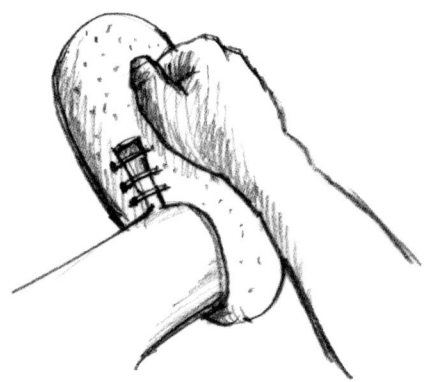

Abb. 25

   Kinder, die noch die linke Hand an den linken Schuh führen, zeigen, dass die spontane Überkreuzbewegung (nämlich linke Hand zum rechten Schuh oder rechte Hand zum linken) noch nicht klar ausgereift ist. Normalerweise ist das Kind mit der Schulreife zur Überkreuzbewegung fähig. Hier entsteht die **Rechts–Links**-Dimension in der Überkreuzung.

Weber

   Beim Weber machen wir aus Pappe einen Webrahmen, schneiden oben und unten in gleichen Abständen ca. 1 cm tiefe Einschnitte und spannen die Kette von Einschnitt zu Einschnitt. Dann schneiden wir aus einem schmalen Stückchen Pappe ein Schiffchen, wickeln den Webfaden darauf, führen es auf und ab durch die Kettfäden und sprechen dazu:

Auf und Ab
Mit Getrapp
Webt der Weber
Feine Decken,
Liebe Kinder
Reinzustecken.

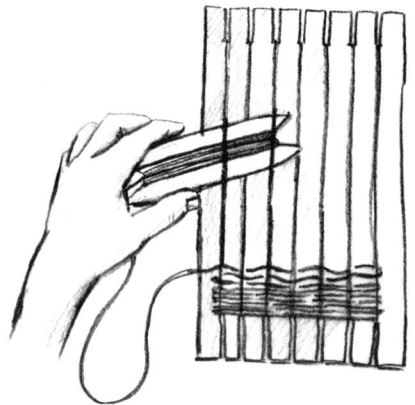

Abb. 26

Hier wird die Dimensionsbewegung **Hin** und **Her / Rechts** und **Links /
Auf** und **Ab / Oben** und **Unten** geübt.

Schneider

Beim Schneider nähen wir ein Säckchen und sprechen dazu:

**Säcke flicken, Säcke flicken,
Habe keine Nadel.
Schneider, Schneider, hopp hopp hopp,
Näh mir einen guten Rock!
Wenn ich zähle: eins, zwei, drei,
Muss das Röckle fertig sein!
Eins, zwei, drei,
Das Röckle ist entzwei.**

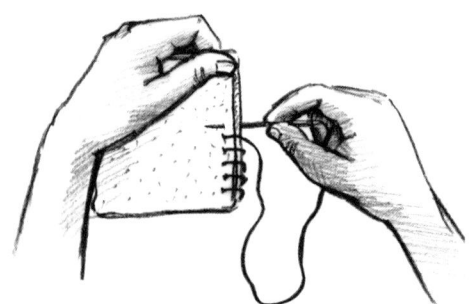

Abb. 27

Hier ist die Raumesdimensionsbewegung **Hinein** und **Hinaus.**

Die Wirkung der Kinderreime bei Stottern
und verzögerter Sprachentwicklung

1. Stottern

Ich habe die Erfahrung gemacht, dass Stottern bei Kindern zwischen drei und sechs Jahren immer ein Entwicklungssymptom ist und bei richtiger Anleitung wieder verschwindet. Dadurch aber, dass Eltern meist wenig über Sprachentwicklung wissen, werden sie leicht verängstigt und meinen, ihr Kind könnte ein Stotterer werden. Und merkwürdigerweise verstärkt die angstvolle Haltung der Eltern noch das kindliche Stottern. Kleine Kinder sind ja wie hochempfindliche Seismographen. Sie nehmen die elterlichen Gedanken viel mehr wahr, als wir annehmen. Aus Angst heraus meint die Mutter: »O Gott, was habe ich falsch gemacht? Warum stottert mein Kind?« Ich erkläre dann der Mutter, dass ihr Kind kein Stotterkind ist, da es an vielen Tagen überhaupt nicht stottert.

Ich mache dann auch mit diesen Kindern meinen Kinderreimrenner, nämlich *Backe, backe Kuchen*. Auf meinem Tisch liegen mehrere Bienenwachsknetkugeln in der Größe von halben Stockmar-Wachstäfelchen. Das Kind bekommt eines davon in seine Hand und ich habe ein anderes. Das Bienenwachs ist zunächst hart und das ist gerade das Schöne daran, dass es durch das Greifen der Hände und Finger allmählich warm und weich wird. Zum Sprechen von »**Backe, backe Kuchen**« wird die Wachsknete immer von der einen Hand in die andere gegeben und ganz fest mit den Fingern umgriffen zu einer Faust. Und da ist ein Geheimnis: Je fester ich die Knete umgreife, desto artikulierter kommen die **Gaumenlaute K, CH, G, R, H:**

Ba**ck**e, ba**ck**e **K**u**ch**en,
Der Bä**ck**er **h**at **ge**ru**f**en:
Wer will **g**uten **K**u**ch**en ba**ck**en,
Der muss **h**aben sieben Sa**ch**en.

Genauso angeregt durch das feste Fingergreifen werden die **Zungenstützlaute L, N, D, T**. Wir wissen, die Zunge muss bei **L, N, D, T** den hohen Gaumen als Widerstand berühren und nicht den vorderen Zahnansatz der Schneidezähne:

Wer will guten Kuchen backen,
Der muss haben sieben Sachen.

Selbst die schwierigen **Zahnzungenlaute S** und **Z** werden in diesem Reim geübt. Daneben wird sogar der in der Sprachentwicklung zuletzt erscheinende Laut **SCH** geübt, der in der Alltagsprache oft weggenuschelt wird:

Der muss haben sieben Sachen.
Eier und Schmalz,
Zucker und Salz.

Dazu werden sogar auch noch die **Lippenlaute M, B, W, F** geübt:

Milch und Mehl,
Safran macht den Kuchen gel.

Backe, backe Kuchen,
Der Bäcker hat gerufen:
Wer will guten Kuchen backen,
Der muss haben sieben Sachen.

Zu jedem Wort wandert die harte Bienenwachsknete mit weit ausgestreckten Armen von der einen Hand in die andere, und immer müssen die Finger die Knete fest umgreifen. Das bewirkt, dass der große Bogen der Armbewegung die Atmung anregt und das Öffnen und Schließen der Hand dem Spannen und Lösen im Atemvorgang entspricht.

Dies konnte ich bei einem neunjährigen Mädchen beobachten, das stotterte. Je weiter es die Arme vom Leib weggestreckt hatte, desto mehr wurde die Atmung angeregt.

Stottern ist immer ein gestörter Atemvorgang. Nach meiner Beobachtung kommt ein Kind umso weniger ins Stottern, je griffiger die Artikulationsorgane wie Zunge, Lippen und Gaumen zupacken können. Deshalb ist dieser Kinderreim mit seinem vielschichtigen Lautaufbau auch für Stotterer einer der wirksamsten.

Damit ist bewiesen, dass Stottern behoben werden kann, wenn es möglichst früh durch diese Artikulations- und Greifprozesse behandelt wird. Die oben erwähnte Greifübung mit Knetwachs zeigte selbst Wirkung bei Erwachsenen. Ein etwa fünfundvierzigjähriger Patient, der die Gaumenlaute stotterte und dessen Namen mit **Kl** begann, lernte diesen auszusprechen, indem er sein **K** mit weit geöffnetem Kiefer parallel zur Greifbewegung der Hand packte.

Ein zwölfjähriger Junge, der aufgrund von traumatischen Erlebnissen im Balkankrieg schwer stotterte, verriet mir, dass er in der Schule, wenn er ins Stottern kam, die Greifübung mit der Hand bei jeder Silbe in der Hosentasche mitmachte. Er stotterte vor allem bei Worten, die mit Vokalen anfingen. Deshalb ließ ich ihn zunächst nur die Vokale üben, indem er sie mit den Armen, dann mit den Füßen machte, wie die folgende Zeichnung es zeigt.

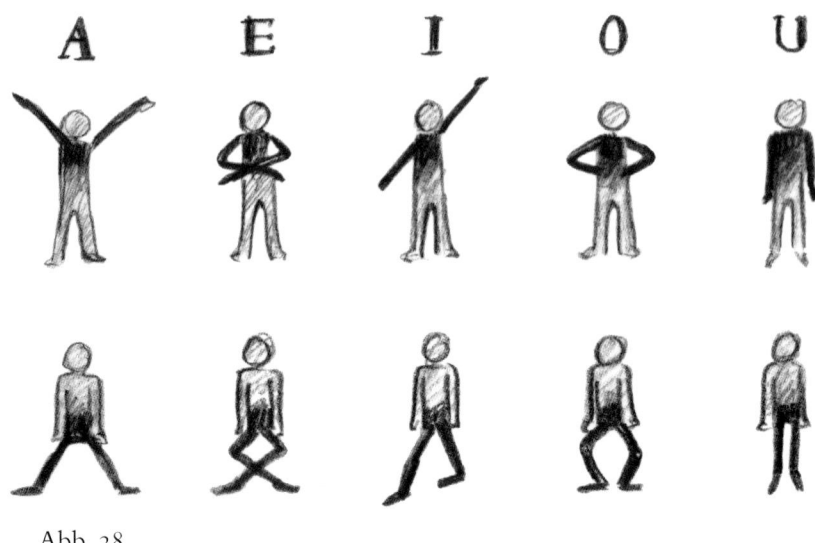

Abb. 28

Anschließend sollte er beim Sprechen von ganzen Sätzen alle vorkommenden Vokale mit Armen oder mit Beinen begleiten. Mit diesen Übungen gelang es ihm allmählich, die Angst durch die Muskelarbeit der Arme und Beine vom Stottern abzulenken.

Hintergründe des kindlich entwicklungsbedingten Stotterns sind meiner Beobachtung nach folgende: Einerseits strömen zuviel Ereignisse und Reize von **außen** auf das kindliche Gehirn ein, so dass die Atmung staut und das Kind zu wenig Kraft, das heißt zu wenig Atem für die ruhige Artikulation der Laute hat.

Andererseits können zu viele Sinnesreize von **innen,** also gespeicherte Erlebnisse herausströmen, wieder staut der Atem, und es gibt nicht genügend Kraft, um die Laute ruhig zu artikulieren.

Folgende typische Episode wird zum Beispiel immer wieder von Müttern berichtet. Das Kind kommt vom Kindergarten und wird gefragt: »Was habt ihr heute im Kindergarten gemacht?«, dann will es alles schnell erzählen und stottert.

Dies zeigt, das Kind speichert die Erlebnisse vom morgendlichen Kindergarten in seinem Gedächtnis, und durch die Fragen der Mutter wird es gezwungen, sein kleines Bewusstsein anzustrengen und die Ereignisse zu er**innern** und sie mittels Sprache zu **äußern.**

So können entweder zu viele Sinnesreize von **Innen** oder von **Außen** auf sein Gehirn wirken und das Kind überanstrengen und den Atem stauen.

2. Sprachentwicklungsverzögerung

Ich bekam einen Jungen mit fast vier Jahren in meine Praxis, der nicht sprach. Die Behandlung fing ich wie mit allen sprachentwicklungsgestörten Kindern mit dem Reimrenner *Backe, backe Kuchen* an. Ich gab ihm das Knetwachs in die Hand, das er geschickt von einer Hand in die andere bewegte, aber er sagte nichts. Die Mutter übte dies mit ihm jeden Tag. Und allmählich kam: **Ba, Ku, ba, ku, Bä, ha, ru.** Jetzt machte ich mit diesem Kind folgende Übung: Ich ließ ihn auf einer Doppeltrommel mit der ganzen rechten Handfläche zu **Ba** auf die rechte Trommel und zu **cke** mit der linken Handfläche auf die linke Trommel patschen.

Ba	**cke**	**ba**	**cke**	**Ku**	**chen**	
rechts	links	rechts	links	rechts	links	und so fort.

Ich machte diese Übung gleichzeitig mit meinen Handflächen auf dem Tisch mit, und plötzlich kam ein zartes **Ba cke, ba cke** aus dem Mund des Kindes. Offenbar hängt das Ergreifen von Silben mit der rechten und linken Gehirnhälfte zusammen. Und diese werden offensichtlich durch die Patschbewegungen der rechten und linken Hand aktiviert.

Schulkinder mit verwaschener, kloßiger und nuscheliger Sprache lasse ich auch Silben **laufen**, bei langen Silben einen langen, bei kurzen Silben einen kurzen Schritt:

Pin - ke Pan - ke Pus - ter

Im Kel - ler wohnt ein Schus - ter

Er hat kein Licht und kennt kein Licht

Und sieht die lie - be Son - ne nicht

Wo soll er woh - nen un - ten o - der o - ben

Allerdings lasse ich auch zu einer **Überkreuzbewegung** silbig sprechen: Rechter gebeugter Ellenbogen wird zum erhobenen, gebeugten linken Knie geführt und linker gebeugter Ellenbogen wird zum rechten erhobenen, gebeugten Knie geführt. Exakt berührt die Ellenbogenspitze die Kniescheibe zu jeder Silbe **Pin – ke   Pan – ke** und so Zeile für Zeile.

Übungen zur Stärkung und Harmonisierung der Mundmotorik und des Zungendrucks

Eine schlecht ausgebildete und wenig geübte Sprachtätigkeit in den Vorschuljahren zieht in den meisten Fällen eine kieferorthopädische Behandlung in der Schulzeit nach sich.

So ist es notwendig, die sich entwickelnde Sprachtätigkeit unserer Kinder im Zusammenhang mit der Zungen-, Mundraum- und Kieferentwicklung zu sehen. Nicht abgewöhntes Saugen an Schnuller und Finger programmiert die Zungenmuskulatur und die damit zusammenhängende, zukünftige Zahnkieferstellung falsch. Würde man mit kleinen Kindern mehr singen und Reime sprechen, so würden die dadurch entstehenden Belüftungen und Druckverhältnisse in Mund- und Nasenrachenraum enorm harmonisierend auf Atmung und Kieferbildung einwirken. Würden Kinder täglich mehr rhythmische Sprache hören (Kinderreime und Gedichte) und sprechen, hätten sie später viel weniger Rechtschreib- und Leseprobleme in der Schule. Und hielte man schließlich kleine Kinder mehr zum Laufen an, anstatt sie dauernd im Buggy zu fahren, gäbe es weniger Sprachentwicklungsstörungen.

Ich bekam einen Jungen mit fünf Jahren, der sehr unartikuliert und verwaschen sprach. In der ersten Sitzung sagte ich der Mutter, sie möge bitte ab sofort täglich etwa drei bis fünf Kilometer mit dem Jungen laufen. Nach sechs Wochen kam sie wieder und sagte: »Jetzt spricht er schön!«

Sie fragte, wie können nur Laufen und Sprechen zusammenhängen? Von dem Moment an, wo der Gleichgewichtssinn so ausgearbeitet ist, dass das Kind laufen kann, verwandelt sich die Rückenmuskulatur. Der Kopf wird nun frei von der Wirbelsäule getragen. Da die Zunge mit der aufgerichteten Wirbelsäule in Beziehung steht, kann jetzt erst die richtige Zungen- und Mundorganisation die Sprachentwicklung in Gang bringen.

Als Folge des Bewegungsmangels in Mund- und Fußorganisation könnte man die Ergebnisse der Pisastudie betrachten. Woher sollen die Kinder denn die Chance bekommen, ihre Wirbelsäulen- und Fußmuskulatur zu benützen, wenn schon Drei- bis Vierjährige mit Gameboy und ferngesteuerten Objekten hantieren. Die Leibesmuskulatur bleibt bewegungslos bis auf das Knöpfedrücken durch die Finger. Dagegen wird das Nervensystem durch die Augen und Ohren gereizt und zu pseudo-vorstellendem Verhalten emporgekitzelt.

Auffallend ist, dass mehr Jungen als Mädchen mit Sprachentwicklungsstörungen in meine Praxis kommen. Das könnte damit zusammenhängen, dass den Jungen in den ersten vier Lebensjahren technisch viel zu einseitiges Spielmaterial geschenkt wird. So sagte mir die Mutter eines vierjährigen Jungen mit Sprachentwicklungsverzögerung auf meine Frage nach seinem Spielverhalten, er habe nur, wenn überhaupt, mit vielen kleinen Autos gespielt. Betrachtet man dabei die dürftigen und einseitigen **Tast- und Bewegungsreize**[16], die dem Gehirn in dieser wichtigsten Bildephase einprogrammiert werden, so ist es niederschmetternd, wie verantwortungslos wir mit unseren Jungen umgehen.

Bemerkenswert ist auch ein neunjähriger Junge mit Mundatmung, der mir vom Kieferorthopäden wegen seines falschen Zungendrucks geschickt wurde, der die Schneidezähne so nach vorne gedrückt hatte, dass er stark lispelte. Seine Schulleistungen waren gut, sonst aber beschäftigte er sich nur mit Fußballspielen, Fernsehen und seiner Playstation.

Diese Beispiele zeigen, wie stark die Tast- und Greifbewegungen der Hände und Finger in den frühen Lebensjahren mit der Mundmotorik verknüpft sind. Deshalb bekam der vierjährige Junge die Aufgabe, in den Wald zu gehen und Stöckchen, Steckelchen, Moos, dürre Gräser, Steine, Eicheln, Rinden usw. einzusammeln und damit zuhause eine Landschaft zu bauen. Und dies über mehrere Wochen. Der Neunjährige musste neben den Zungen- und Lippenübungen (siehe Seite 69, 109) Tiere und Gegenstände aus Wachs modellieren, und er bastelte aus Verpackungsabfall und mit Schere, Stift und Kleber ein Haus. Er atmete dann mit geschlossenen Lippen und bildete das **S** und **Z** richtig.

Es geht in den ersten Lebensjahren darum, dem Kind vielschichtige und vielfältige Tast- und Greiferlebnisse zu ermöglichen, wenn es sie nicht selber sucht.

Meistens atmen Kinder mit wenig ausgebildeter Sprachtätigkeit durch den Mund. Das hat zur Folge, dass der Lippendruck des geschlossenen Mundes, der normalerweise konstant auf die Schneidezähne drückt, wegfällt. Ich lasse diese Kinder viele Lieder summen und pfeifen. Normalerweise liegt die Zunge flach im geschlossenen Mund. Bei Kindern aber, die noch durch den Mund atmen, kann die Zunge sich auch an den Zähnen aufhalten. Da diese Zungenhaltung dem Kind unbewusst ist (übrigens meist auch den Eltern), kann die Zunge einen so starken Druck auf die Schneidezähne ausüben, dass sie vorgedrückt werden. Die Lippenmuskulatur kann nicht genug gegendrücken, weil der Mund immer offen steht. Schon siebenjährigen Kindern stecke ich einen Korken knapp zwischen die Zähne, wenn ich die Zungenmuskulatur trainiere mit den Zungenstützlauten **L, N, D, T**, denn diese wirken aktivierend auf die harmonische Entwicklung des Ober- und Unterkiefers.

16 Vgl. Jean Ayres, Bausteine der kindlichen Entwicklung. Die Bedeutung der Integration der Sinne für die Entwicklung des Kindes, Berlin, Heidelberg 1992, 2. Aufl., S. 47 ff.

Abb. 29

Dadurch, dass die Zähne durch den Korken mechanisch auseinander-gehalten werden, muss die Zunge hoch in den Gaumen, ohne den Korken zu berühren, um **L, N, D, T** zu bilden.

Für **T** und **D** heißt die Übung:

Tritt dort die Türe durch

Die Zungenorganisation hängt sprachentwicklungsbedingt mit den Fin-gern, Händen und Füßen zusammen. Deshalb lasse ich zur Verstärkung der Zungen- und Wangenmuskulatur bei jedem **T** synchron mit dem rechten Fuß stampfen, während die Zunge in den Gaumen drückt. Bei jedem **D** drückt die Zunge in den Gaumen, zugleich drückt der linke Fußballen gegen den Boden. Das Vorstellungsbild ist dann, Zunge und Fuß drücken gegen Gaumen und Boden. Verstärke ich den Fußdruck, indem ich das Bein hochziehe und mit dem Fuß noch energischer auf den Boden stampfe und drücke, verstärkt sich sogleich der Zungendruck und die Lautstärke erhöht sich.

Bei jeder **N**-Bildung gehen wir mit Zunge und Zehen synchron hoch. Die bildlichen Entsprechungen sind diesmal Zunge – Zehen, Gaumen – Boden.

Nimm nicht Nonnen in nimmer müde Mühlen

Auch bei jeder **L**-Bildung gehen wir wieder wie bei **N** synchron auf die Zehen hoch und fühlen Zunge – Zehen und Gaumen – Boden.

Lalle Lieder lieblich lipplicher Laffe

Selbstverständlich machen wir bei **D** und **T** in diesen zwei Übungen auch die oben beschriebenen Bewegungen dazu.

Fallbeschreibung Fabian

Fabian war fünfeinhalb Jahre alt, als er zu mir kam. Eine logopädische Behandlung wurde empfohlen, da er laut Arztbericht »deutliche Schwierigkeiten in der akustischen Auffassung« hatte sowie »im Zahlengedächtnis und in der Erfassung eines sprachlich formulierten Inhalts«. Sein Wortschatz war nicht altersentsprechend. Es bestand ein ausgeprägter Dysgrammatismus. Er machte Stammelfehler (Dyslalie), und es fielen im Mundbereich Artikulationsschwierigkeiten auf. Mit vier Jahren wurde er schon einmal in der Kinderklinik in der Abteilung für Entwicklungsstörungen untersucht. Die Mutter gab beim Erstgespräch an, dass die Schwangerschaft normal verlief, jedoch war der Geburtsvorgang sehr schwierig, da Fabians Köpfchen steckengeblieben und Sauerstoffmangel eingetreten war und die Mutter keine Kraft mehr gehabt hatte zu pressen. Die Feinmotorik war normal. Mit acht Monaten hatte Fabian eine schwere Bronchitis und musste Antibiotika bekommen. Mit zwei Jahren sprach er das erste Mal etwa fünf bis zehn Worte. Für mich war auffallend, dass Fabian immer den Mund offen hatte und die Zunge zwischen den Lippen sichtbar war. So begann ich die erste Behandlung mit **Storch, Storch, Langbein** (siehe Seite 50) und **Klatsch, batsch, wumm** (Seite 57). Wenn Fabian das harte Wachs von der einen in die andere Hand geben und dazu sprechen sollte: »Klatsch, batsch, wumm«, war auffallend, dass das Wachs ihm herunterfiel. Je besser er dann das Wachs mit den Händen fest umgriff, desto artikulierter waren seine Konsonanten.

Wir übten Mutter Maus: **Sssss** und Vater Maus: **Zzzzz** (Seite 47). Dann machten wir das Fingerspiel **Spreizt eure Fingerlein**[17]:

> **Spreizt eure Fingerlein,**
> **Dass ein jedes steht allein.**
> **Schließt und spreizt sie ohne Ruh,**
> **Aber bleibt im Takt dazu!**
> **Rührt die Finger hin und her**
> **Und bewegt sie kreuz und quer,**
> **Ganz geschwind wie der Wind,**
> **Bis sie alle müde sind.**
> **Und dann bildet schnell mit allen**

---

17 Entnommen aus der Sammlung von Johanna Herz: Alte und neue Fingerspiele, 2. verb. u. verm. Aufl., Dresden-Blasewitz 1908, S. 6

Scharfe, krumme Katzenkrallen.
Alle Finger unverwandt,
Drücket fest nun in die Hand!
Eins und zwei, eins und zwei
Däumchen, das ist auch dabei.
Schön im Takte klatschet nun!
Danach soll'n die Finger ruhn.
Alle werden müde sein,
Darum schlagt die Arme ein!

Diese 18 Zeilen zeigen einen Weg, wie Kinder von Fingerbewegungen über Klatschen und Armbewegungen in die Kreuzbewegung der verschränkten Arme als Ruheposition gelangen können. Fingerspreizen und Fingerschließen zur Faust ist ein Ein- und Ausatmungsvorgang. Die gestreckten Finger rühren zunächst »hin und her«, bei »kreuz und quer« kreuzen die Unterarme zweimal, Arme und Hände ahmen den Wind nach, dann werden die Hände müde zur lockeren Faust. Jetzt werden die Finger hintereinander zu krummen Katzenkrallen gestreckt. Dann drücken die Handflächen fest gegeneinander, und beide Zeigefinger, Mittelfinger, Ringfinger, kleine Finger und Daumen werden mit den Worten »eins und zwei« jeweils gestreckt. Nach dem Klatschen sind die Hände locker, und die Arme werden ineinander verschränkt.

Um bei Fabian die Muskulatur der Lippen zu bewegen, rieben wir die Hände wie Mühlsteine aufeinander und sprachen dazu:

Meine Mühle, die braucht Wind, Wind, Wind,
Sonst geht sie nicht geschwind, geschwind, geschwind.
Aus Korn wird Mehl, aus Mehl wird Brot,
Und Brot tut allen Menschen not.

Dann machten wir Übungen zur Bildung der richtigen Satzstellung. Der Dysgrammatismus wird dadurch verursacht, dass das noch lückenhafte Ineinanderarbeiten der Sinne dem Gehirn nicht ausreichende Impulse liefert, die es dem Kind ermöglichen könnten, die Eindrücke seiner Umwelt in Sprache umzusetzen. Subjekt, Verb und Objekt werden noch willkürlich aneinander gereiht: »Peter Ball werfen, Papa.« Der Dysgrammatismus wird mehr oder weniger von jedem Kind in der Sprachentwicklung durchlaufen, nur fällt es nicht auf, da das Kind mit ein bis zwei Jahren ohnehin nur einen kleinen Wortschatz hat. So sehen wir, wie sehr die Wahrnehmung der Umwelt, die Wahrnehmung der eigenen Innenwelt des Kindes einer Sinnesreife bedarf, um die Sprachfähigkeit in Gang zu bringen. Tritt der Dysgrammatismus noch bei einem fast sechsjährigen Kind wie Fabian auf, muss an der Verankerung der Ich-Beziehung zur Um- und Innenwelt des Kindes gearbeitet werden. Dazu begleiteten wir alle Arbeitsbewegungen mit Sprache: »Ich reiße einen Streifen« (siehe Seite 82). Mit Wachsstiften werden folgende Sätze auf Papier gebracht: »Ich male die Erde«, »Ich lasse das Gras wachsen«, »Ich male ein Haus«, »Ich male das Dach«, »Ich male das Fenster.«

Mit Sätzen wie: »Ich falte von Spitze zu Spitze« oder: »Ich falze mit dem Daumennagel« entstand die Papierfaltarbeit »Schiffchen«. Bei: »Ich lege ein Körnlein auf den Kreis«, wurde Naturmaterial zum Ornament auf Papier geklebt.

Alle Handwerkstätigkeiten führten wir zu den Reimen aus (siehe mein Handwerkerbuch). Dann ließ ich Fabian Bilder malen mit Themen, die ich ihm vorgab: Kinderspielplatz oder drei Kinder mit Laternen unter einem Himmel mit Mond und Sternen etc. Zuhause las die Mutter ihm zu Anfang *Rotkäppchen* vor, dann folgten viele andere Märchen nach folgendem Rhythmus: Möglichst zur gleichen Tageszeit, drei Tage hintereinander, sollte immer dasselbe Märchen vorgelesen und am vierten Tag ein Bild zum Gehörten gemalt werden. So beschäftigte sich Fabian oft vier bis fünf Wochen mit dem gleichen Märchen und immer wieder malte er andere Szenen. Er malte auf großformatige, oft auch auf farbige Papiere mit Wachs, Öl und Pastellkreide. Seine Bilder wurden immer gegliederter, farbiger und geformter, so dass es eine richtige Freude war, sie anzuschauen. Sein Selbstwertgefühl wuchs, seine Satzbildungen formierten sich.

Wir sehen also, dass das Malen auf der waagrecht liegenden oder auf der senkrecht stehenden Fläche auch ein Umgehen mit den Raumesdimensionen darstellt. Am Anfang malte Fabian Großmutter, Haus, Rotkäppchen und Wolf irgendwo additiv auf das Papier, die Größenverhältnisse zueinander waren noch willkürlich. Erst allmählich kamen die Figuren unten auf die Erde, der Baum wuchs von der Erde zum Himmel, die Sonne war oben. Diesem Nachbilden mit Malstift auf dem Papier messe ich große sprachgliedernde Kraft zu. Fabian durfte, nachdem er *Rotkäppchen* mindestens zwanzigmal gehört hatte, es auch mit den Handpuppen spielen (ich verwende hierzu ein Spielgestell mit Vorhängen). Er sprach den Originaltext meist richtig. Allerdings fiel es ihm gewaltig schwer, wenn er mit dem Kasperle eigene Szenen sprechen sollte. Nach 18 Monaten Sprachtherapie sprach schließlich Fabian das Weihnachtsgedicht *Von drauß' vom Walde komm ich her* ohne Schwierigkeiten. Natürlich hatten wir während der ganzen Zeit auch die oben beschriebenen Reime wie »Backe, backe …« etc. geübt.

Fabian verbrachte das erste und zweite Jahr in der Sprachheilschule, ab dem dritten Schuljahr besuchte er die Regelschule. Währenddessen übte ich mit ihm immer weiter Lautartikulation an den Reimen. Zudem sollte er jetzt auch die Handwerkstätigkeiten mit seinen eigenen Worten begleiten. Er webte einen kleinen Teppich, sägte von dicken Ästen kurze Stücke ab, die wir mit der Raspel zu Zwergen machten, dazu nähte er die Zipfelmütze und klebte Bart und Haare aus Schafwolle an. Er nähte Säckchen, er formte aus Wachs Teller und Schüsseln. Er flocht aus Bast einen Zopf und nähte damit ein Körbchen. Er machte mit Leder, Lochzange und Riemen kleine Ledertäschchen. Und immer begleitete er sein Tun mit Sätzen wie zum Beispiel beim Anfertigen des Riemens: »Ich schneide der Linie entlang …«, »Ich drücke die Lochzange fest in das Leder …« oder er sprach den Reim des Schuhmachers dazu (siehe Seite 60). Fabian lernte mit den Fingern Häkeln, bald lernte er auch Stricken und strickte mit dicken Nadeln und dicker Wolle einen langen Schal. Alle diese Übungen sind für die Sinnesintegration, das heißt für das Ineinanderarbeiten des Tastsinns, des Bewegungssinns, des Gleichgewichtssinns, Sehsinns, Hörsinns und des Sprachsinns von fundamentaler Bedeutung und damit für den Umgang mit Sprache überhaupt. Fabian lernte in der Schule Schreiben und Lesen, aber er hatte große Schwierigkeiten, seine eigene Schrift zu lesen und die ihm diktierten Worte richtig zu schreiben. Wir begannen, die Buchstaben neu zu üben (siehe Zeichnung auf Seite 86). Er las jetzt die Handwerksreime im Buch, große Schwierigkeiten bereiteten ihm die Doppellaute (Diphtonge) **EI, EU** und **AU**.

Wir formten das **EI** mit Wachswürstchen und legten es auf Papier. Wir schrieben das **EI** auf Papier und schnitten es aus. **EI** ist **ein** Laut, nicht etwa **E** und **I**. Fabian schrieb den Laut **EI** zunächst mit den Fingern groß auf das Packpapier, dann mit dem Wachsstift. Auch mit dem Seil ließ ich Fabian das **EI** legen. Diesen Laut **EI** mit den verschiedenen Materialmedien erlebbar zu machen, hilft dem Kind, eine richtige Beziehung zum **EI-**Laut aufzubauen wie zu einem Freund. Die Freude dann, die **EI**'s bei den Handwerkerreimen herauszusuchen und im vollen Wort zu sagen, schafft Vertrauen und Sicherheit. Denn wenn er vor all diesen Übungen ein **EI** sah, las er immer I-E, also von hinten nach vorne. Er wurde ja häufig schon auf diesen Fehler aufmerksam gemacht, und doch schrieb und las er das **EI** immer verkehrt. Dieses Versagen erzeugt natürlich Angst, und Kinder, die solches erleben, sind oft in sich gekehrt und melancholisch. Nachdem Fabian die Schreibübungen gut gemacht hatte, sollte er jetzt mit einer breiten, weichen Feder (Script-Pen) mit schwarzer Tusche schreiben. Er schrieb wieder Märchen ab. Dabei sollte er die Tun-Wörter rot, die Haupt-Wörter gelb und die Fühl-Wörter blau unterstreichen. Fabian war es jetzt gelungen, richtig in der Spontansprache zu sprechen. Jedoch war das richtige Wort- und Silbenerfassen beim Diktat oder gar das eigene Sätzebilden zu einem kleinen Thema beim Aufsatzschreiben noch sehr schwierig und mühsam für ihn. So begann ich jetzt, die verschiedenen Wortqualitäten und Wortfunktionen zu üben. Immer fingen wir mit der Übung

»Pinke, panke ...« (siehe Seite 65) zur Stärkung der Kreuzungsvorgänge und zur Konzentration an. Als Hausaufgabe, die er ab jetzt bekam, musste er zum Beispiel die Handwerksreime auswendig schreiben, zuvor aber alle **L, N, D, T** mit Bleistift unterstreichen.

So gab ich nun Fabian die Aufgabe, aus einem Werkbüchlein[18] Spielzeuge zu bauen wie etwa ein Geräuschholz, eine Schnepfe, eine Kugelbahn, ein Schiff oder eine Luftseilbahn. Er musste den Text lesen, verstehen und die Beschreibung der Bauanleitung durchführen. Er sollte bei diesem Bauen Funktionen und Dimensionen der einzelnen Spielzeugobjekte erfahren. Diese Hausaufgaben taten Fabians Sprachentwicklung außerordentlich gut. Er hatte jetzt nicht nur große Erfolge im Bildermalen, sondern er konnte auch komplexere räumliche Gegenstände herstellen wie etwa seine rasante Holzkugelbahn.

Wir übten, Fabian war jetzt zehn Jahre alt, die Qualitäten des Subjekts, des Verbs und des Adjektivs. So rief ich zum Beispiel das Wort »Ohr« und warf ihm dabei einen Ball zu. Er musste jetzt das dazugehörige Verb finden und mit dem Verb »hören« den Ball zu mir zurückwerfen. Dann sollte er einen ganzen Satz dazu bilden und ihn mit Silbenklatschen oder Rhythmuslaufen sagen, etwa: »Ich höre mit meinen Ohren.« Auch ließ ich Fabian kleine Beschreibungen zuhause machen. Er hatte zum Beispiel ein Pflanzenbuch, aus dem wir eine Beschreibung lasen, und dann beschrieb er die Pflanze mit eigenen Worten. Dann wiederum diktierte ich ihm den Text dazu aus dem Buch. Dann machten wir auch Satzübungen: »Was kann der Mensch mit seinen Händen, mit seinen Füßen machen?« Dazu sollte er dann diese Sätze in Zukunft und Vergangenheit bilden.

Als Fabian fast elf Jahre alt war, benützte er seine flüssige Spontansprache dazu, mir ständig zu widersprechen und zu quengeln. Ich verlangte jetzt, dass er täglich fünf Sätze diktiert bekam oder sie sich selber diktierte und im *Duden* die Worte nachsuchen musste, wenn er sie falsch geschrieben hatte, um dadurch auch eine alphabetische Wortsuche zu üben. Beschreibungsaufgaben wie etwa »Was sehe ich auf meinem Schreibtisch?« löste Fabian folgendermaßen: »Ich sehe ein Heft. Ich sehe einen Bleistift. Ich sehe Bücher. Ich sehe ein Mäppchen. Ich sehe einen Blumentopf.« Er nahm offensichtlich nur die Gegenstände wahr, ohne sie in Beziehung zu sich zu setzen und reihte sie linear wie Perlen auf eine Schnur. Er konnte sie sprachlich also nicht in einen räumlichen Zusammenhang bringen. Warum? Seine Ich-Raumesorientierung hatte sich noch nicht so verankert, dass er von seinem Blickwinkel aus hätte beschreiben können: »Auf meinem Schreibtisch sehe ich Hefte, rechts daneben

---

18 Besonders geeignet ist hierfür: Walter Kraul, Spielen mit Feuer und Erde, Stuttgart 1985

liegen Bleistifte und ein Mäppchen, links oben sind Bücher gestapelt und rechts daneben steht ein Blumentopf.« Fabian sollte schließlich eine Seite aus *Momo* von Michael Ende lesen, dann sollte er deren Inhalt nacherzählen und anschließend diktierte ich ihm wieder den Text. So bekam Fabian mehr und mehr Sicherheit, sich sprachlich altersgemäß zu äußern. Übrigens lernte ich erst durch Fabians Sprachschwierigkeiten bewusst verstehen, dass die Säulen unseres Sprachtempels aus der Fähigkeit bestehen, Fragen stellen zu können:

Was sehe ich? – Sache/Gegenstand
Wo sehe ich es? – Raum/Ort
Wie sehe ich es? – Gefühl/Herz/Empfindung
Wann sehe ich es? – Zeit
Warum sehe ich es? – Grund/Ursache/Wille

Das bedeutet, Sprache macht es möglich – allerdings nur, wenn in mir Fragen und Neugierde sind – tiefer in das Oben, in das Unten, in das Hintere (Vergangene) in das Vordere (Zukünftige), in das Hintergründige der Welt einzudringen.

Fabian lernte jetzt im Deutschunterricht, er war inzwischen dreizehn Jahre alt, eine Grußkarte zu schreiben nach den Anhaltspunkten: 1. Wohnort. 2. Landschaft. 3. Sehenswürdigkeiten. Sein Text lautete:

Hi, Matthias,
hier in Bad Kleinkirchheim und Umgebung ist es sehr schön und echt interessant. Wir wandern auf Berge, besichtigen Dörfer oder Städte und baden in Seen oder in Bäder. Die gute Luft und das Erholen in den zwei Wochen tut uns sehr gut.
Viele Grüße Dein Freund Fabian

Mit »hier« meint er den für ihn überschaubaren Ort. »Umgebung« hängt er beziehungslos dran.

Er zählt Berge, Dörfer, Städte auf in ähnlicher Weise wie bei der oben erwähnten Schreibtischbeschreibung. Er schreibt, was ihm zum Urlaub assoziativ einfällt, ohne es mit seiner eigenen Wahrnehmungsempfindung in Beziehung zu setzen. »Luft« als realer Begriff und Erholung als abstrakter Begriff werden zusammengemixt. Dem assoziativen Aneinanderreihen sind auch die grammatischen Fehler zuzuordnen.

Mir scheint, dass eine ungestörte Sprachentwicklung überhaupt erst die Voraussetzung bildet, um später die Sprache als Vermittler zwischen dem eigenen Ich und der Umwelt gebrauchen zu können. So glaube ich, dass beim kleinen Kind die Eindrücke der Dinge seiner Außen- und Innenwelt locker beziehungslos nebeneinanderstehen, und je exakter die Sinne zusammen arbeiten und die Erfahrung des Oben – Unten, Innen – Außen, Hinten – Vorne, Rechts – Links qualitativ zur Verfügung steht, desto präziser können Kinder diktierte Worte schreiben, geschriebene Worte lesen und je nach Alter Aufsätze schreiben, in denen der Blickwinkel von ihrem eigenen erlebten Dimensionsraum aus die Ereignisse sprachlich gestaltet.

Bis zu seinem fünfzehnten Lebensjahr kam Fabian nur noch einmal im Monat zu mir. Mit siebzehn Jahren machte er seine mittlere Reife und suchte sich schon davor eine Lehrstelle zur Ausbildung zum Feinwerkzeugmechaniker.

Fallbeschreibung Leon

Leon hat in den ersten Lebensmonaten auffällig an Gewicht abgenommen. Seine Mutter erzählte, er habe geschlafen, geschrien und nach jeder Nahrungsaufnahme täglich fünf bis acht Mal gespuckt. Nach drei Monaten stellten die Ärzte fest, dass er eine Magenpförtnerverengung hat. Das bedeutet, dass das Essen viel zu lange im Magen liegen bleibt und nur ein kleines Rinnsal weitergelangen kann, so dass Leon völlig unterernährt war. Auch nach der Pförtnererweiterungsoperation spuckte Leon, bis es zu einem merkwürdigen Ereignis kam. Mit zweieinhalb Jahren bekam er eine so schwere Magen-Darm-Grippe, dass er nur noch spuckte und sofort stationär behandelt werden musste. Nach einer Woche wollten ihn die Ärzte nicht entlassen, ehe er etwas essen würde. Er aß aber nichts, bis die Mutter von zuhause ein Lieblingsgericht der Familie, einen Pfannkuchen, mitbrachte. Den aß er tatsächlich und kaute zum ersten Mal in seinem Leben. Auch führte er den Apfel, den seine Mutter aß, zu sich an den Mund und biss hinein. Seit dieser Esserfahrung spuckte er nie mehr. Die Folgen der zweieinhalb Spuckjahre waren für Leons Sprachentwicklung verheerend. Denn das wichtigste erste Lebensjahr mit der Mundmotorik des Saugens, Schluckens, der Babbelphase und des Kauens hatte nicht stattgefunden. Die Mutter gab ihm Muttermilch mit dem Löffel, er aß, bis er zweieinhalb Jahre alt war, nur Breinahrung. Er kaute also nicht. Übrigens schlief er immer in Embryonalhaltung.

So können wir beobachten, dass das Saugen, das Schlucken, die Babbelphase und das Kauen die unbedingten Voraussetzungen bilden für die Sprachentwicklung. Das Bewegungsmuster der Mundorganisation beim Saugen und Schlucken hängt zusammen mit den ersten Bewegungen des Greifreflexes. So ist die Mundorganisation die Initiale der Entwicklung zu einem Laute formenden, sprechenden Wesen. Interessanterweise durchlief Leon die Körperentwicklungsphasen altersgemäß. Er robbte, krabbelte, lief mit zwölf Monaten, war mit zweieinhalb Jahren trocken. Doch war Leons geistig-seelische Entwicklung sehr verzögert. Mit drei Jahren sagte er sein erste Wort »Papa«. Mit fünf Jahren sagte er »Ich« zu sich. Die Ärzte sagten, Leon habe das erste Lebensjahr verloren. Denn in diesem ersten Lebensjahr werden die lebensentscheidenden Gehirnverbindungen in das noch ganz bildbare Gehirn gelegt. Kann dies erst Jahre später geschehen, so bedeutet dieser Verlust eine nie mehr aufholbare Verzögerung der Entwicklung. Dennoch machte Leon eine großartige Entwicklung durch, auch dank seiner Mutter. Sie erzog ihn als zweites von drei Kindern liebevoll, aufopfernd und konsequent.

Zunächst machte ich mit Leon wie üblich die Kinderreime, er führte alle Bewegungen aber nur schweigend aus. Mir wurde klar, bei Leon musste eine viel tiefer liegende Sprachentwicklungsstörung vorliegen, als ich es bislang bei sprachentwicklungsgestörten Kindern wahrnehmen konnte. Seine Grob- und Feinmotorik funktionierte außerordentlich gut, denn sein Vater war ihm ein handwerkliches Vorbild. So fing ich jetzt gezielt an, die Körperbewegung, die im **Tun-Wort artikuliert** wird und sich im Laut widerspiegelt, zu üben. Wir zogen an einem Seil, ich sagte: »**Ich ziehe**«, und ich zog tüchtig. So musste Leon wieder ziehen, um nicht umzufallen. Die lautliche Entsprechung der Zugbewegung ist eine Zungenspitzebewegung gegen den Widerstand der Zähne: »**Z**.« Dann drückte ich meinen Fuß fest auf den Boden, meine Hand fest auf den Tisch und sprach dazu: »**Ich drücke**.« Die lautliche Entsprechung des Drückens ist das »**D**«, denn die Zunge drückt dabei gegen den oberen Gaumen. Dann patschten wir mit den vollen Handflächen auf den Tisch, und ich sprach: »**Ich patsche!**« Die lautliche Entsprechung zur Handbewegung ist dieses Mal der Lippenlaut »**P**«. Dann klopfte ich mit dem Zeigefinger an die Türe und sprach dazu: »**Ich klopfe**«, mit der lautlichen Entsprechung des Gaumenlauts »**K**«. So hatte ich jetzt Laute am hinteren und oberen Gaumen, mit Zunge, Zähnen und Lippen ausdrucksstark bewegt und artikuliert. Die erste Raumesübung folgte (siehe Seite 32 f.). Wir liefen in ein Schneckenhaus, das Seil war zu einer Spirale gelegt und ich sprach dazu: »**Ich gehe hinein, ich gehe wieder heraus.**« Als nächstes war da der Zauberkorb, in dem viele Holztiere waren, mit einem Tuch zugedeckt. Nun durfte Leon hineingreifen und raten, was er für ein Tier in seiner Hand fühlte. Einen **F**uchs? Eine **K**uh? Ein **Sch**af? In allen folgenden Behandlungen wurden diese Tun-Worte ich **ziehe**, ich **gehe**, immer wieder mit der entsprechenden Bewegung wiederholt. Allmählich erzeugte Leon diese verschiedenen Artikulationen selbst, aber nur in Verbindung mit dem Tun. Wir erweiterten unsere Bewegungen mit den dazu gehörigen Lauten: »Ich mache **h**opp«, und wir sprangen **h**och, ich lasse ein Blatt Papier **f**liegen, ich **st**elle ein **T**ellerlein auf den **T**isch. Und immer sprach ich und machte die Handbewegungen, die zum Verb gehörten.

Die Reime *Backe, backe Kuchen, Taler, Fünf Engelein haben gesungen*, wurden in jeder Behandlung wie üblich von mir ihm vorgesprochen. Später kamen neue Tätigkeiten hinzu. »Ich **rutsche** auf dem **Sch**emel«, »ich **putze** die Gewichte der **W**aage«, »ich **trage** den schweren Zauberkorb«. Die zweite Raumesübung folgte: »Ich **werfe** den Ball hoch, und er **fällt** herunter.« Mit dem Reim »**Balle, Balle, sag mir doch, wie viel Jahre lebst du noch? Eins, zwei, drei …**« (siehe Seite 98) warfen wir uns gegenseitig den Ball zu. Oder: »Wir bauen ein Haus mit Stühlen und Tüchern, wir gehen **hinein** und wieder **heraus**.« »Wir falten aus Papier einen Vogel und lassen ihn **über** das Haus fliegen.« »Wir stellen uns **hinter** das Haus, wir stellen uns **vor** das Haus.«

Unermüdlich übten wir Raumesdimensionen und verwandelten sie in Sprache. **Innen – Außen, Oben – Unten, Vorne – Hinten, Herein – Heraus, Auf – Zu, Drumherum.** Wir machten den Steinmetz, den Schmied, den Schreiner, den Töpfer usw. mit den jeweils spezifischen Handwerksbewegungen. Hierbei erlebte ich zum ersten Mal, dass diese Handwerke genau den Dimensionsraum des Menschen gebaut haben und nur dadurch Sprache sich entwickeln konnte.

Schmied, Steinmetz	-	oben – unten
Schreiner	-	vorwärts – rückwärts
Töpfer	-	innen – außen
Korbflechter	-	auf – ab, hinten – vorne, hin und her
Weber	-	hin und her, auf – ab, unten – oben
Schuster	-	oben – unten, ein – aus, vorwärts – rückwärts
Schneider	-	ein – aus, vorwärts – rückwärts, gerade – krumm

(siehe dazu Kapitel Handwerker, Seite 52 ff.)

Nach fast zwölf Monaten mit wöchentlich einer Behandlung waren die Konsonanten angebahnt. So übte ich mit Leon unermüdlich Gaumenlaute, Lippenlaute, Stützlaute und Zungen-Zahn-Laute etwa mit dem Kindersätzchen für die ganz Kleinen »**Kuckuck, dada**«. Verstecken – sich zeigen, oder »**Zicke zacke, zicke zacke, hoi, hoi, hoi**«. Dabei tippten wir bei **Zi** und **Za** mit der Fußspitze, bei **cke** mit der Ferse (Hacke) auf den Boden und bei **hoi** stampften wir auf den Boden.

Das **R** übte Leon beim Drehen eines Schlagsahnegeräts, das mit zwei Zahnrädern bewegt wurde. Fasziniert von dem Ineinandergreifen der Zahnräder merkte Leon gar nicht, dass er den Laut der Zahnräder nachahmte.

Auf diese Weise hatte Leon mit fünfeinhalb Jahren einen Sprechansatz erübt, so dass man die Worte der Reime annähernd verstand. Aber seine Spontansprache war dennoch nur dürftig, wenn er überhaupt gewillt war, etwas spontan zu sprechen. Sein Sprachentwicklungsstand entsprach dem eines ca. zweieinhalbjährigen Kindes, während sein übriges Verhalten, Spielen, Radfahren, handwerkliches Tun, Hilfsbereitschaft, Sozialverhalten, altersgemäß war.

Wir wissen ja, dass durch stetiges Wiederholen von Übungen Fähigkeiten entwickelt werden können. So wiederholte ich jetzt das gesamte Übungsrepertoire der letzten eineinhalb Jahre noch einmal. Auffallend war jetzt, wie die Stützlaute **L, N, D, T** Leon außerordentlich schwer fielen. Er musste nun bewusst willentlich die Zunge in den oberen Gaumen bewegen ohne das entsprechende Tun dabei. Normalerweise erlernt das Kind das Sprechen aus der Nachahmung, das bedeutet, die **Artikulationsbewegungen** bleiben im

Unterbewussten. Ist aber diese Entwicklungszeit tatenlos vorbeigeglitten wie bei Leon, so ist es ungleich mühsamer, die Artikulationsbewegungen von einem älter gewordenen Kind bewusst willentlich zu erzeugen. So musste Leon jetzt einmal mit dem Zeigefinger den oberen Gaumen in der Mitte oben berühren, da wo das Wassermännlein wohnt (siehe Seite 48), um ein **räumliches** Gefühl zu bekommen, wo denn seine Zungenspitze hin muss. Dann übten wir **Ta, Ta, Ta, La, La, La, Da, Da, Da** und **Na, Na, Na.** Der Einfachheit halber sagte er bei **Ta, Ta, Ta** einfach **Ka, Ka, Ka.** Das kann für ihn ähnlich klingen. Leon verwechselte also den hinteren Gaumen mit dem oberen Gaumen, oder aber er war einfach nur zu faul, diese Zungenbewegungen nach oben zu machen. Ich hatte einen anderen Jungen mit guter Intelligenz und altersgemäßer Entwicklung, der noch mit sechs Jahren seinen Namen mit »Tonstantin« statt »Konstantin« aussprach. Er litt sehr darunter, denn Kinder nehmen sich in diesem Alter sehr wohl schon wahr. Diesen sogenannten Kapatismus muss man beim Kind sehr vorsichtig umwandeln. Meistens sind die Kinder schon fünf Jahre, wenn sie zum Logopäden überwiesen werden, denn sie sind ja bislang wunderbar mit dem T-Sprechen für das eigentliche K-Sprechen ausgekommen. Sie erleben plötzlich eine Unfähigkeit, die sie völlig verunsichert. Dazu haben die Eltern schon lange vor dem Logopädenbesuch dem Kind einzuläuen versucht, das richtige K zu sprechen.

Das Sprechen lernen läuft im Zuhören sehr aktiv ab, während die Muskelbewegungen unbewusst bleiben, so dass wir verstehen lernen müssen, dass das Sprechenkönnen gleichsam eine Königsregierung darstellt, die sich nur bilden kann, wenn der Hofstaat hervorragend von unten her ineinander arbeitet, also wenn alle Sinne wie dargestellt integriert werden. Bei Leon war offensichtlich der Tastsinn, der Bewegungssinn, der Gleichgewichtssinn und der Hörsinn mangels Außenreizen vollständig verkümmert. Meine Beobachtung ist, dass das Erbilden des äußeren Dimensionsraums, der durch Robben, Krabbeln und Sitzen usw. allmählich erworben wird, die Voraussetzung dafür ist, dass der innere Dimensionsraum von Mundhöhle und Zunge ergriffen werden kann.

Es galt also bei Leon die äußeren Dimensionen wie **vorne – hinten**, **oben – unten**, **innen – außen** so in seine Körperwahrnehmung zu integrieren, dass es **sein eigenes Oben – Unten** war und dass er sich nicht als Anhängsel des starken Vorbilds der Therapeutin oder der Mutter erlebte. Wir sehen, wie fundamental der Eigenwahrnehmungssinn (Propriozeption) für die Sprachentwicklung zu sein scheint. So machte ich eine Zeit lang die Steinmetz-Übung mit ihm, denn die »behauenen« Steine (siehe Seite 52) bilden ja, wenn wir sie aufeinander setzen ein **Unten** und **Oben**. Das Sprüchlein dazu bewegt die Artikulationszonen hervorragend. Den *Storch, Storch Langbein* (siehe Seite 50) übten wir gleichzeitig wegen der ausgezeichneten Grammatik.

Doch Leon kam sehr rasch an die Grenzen seiner Übwilligkeit, weil er seine Misserfolge ja längst wahrnehmen konnte. Wer will dann schon üben!

Deshalb bedurfte es der Phantasie und Geistesgegenwart, um Leon in eine Sprachaktivität zu bekommen.

Mit sechs Jahren durfte er sein Akkordeon in die Stunde mitbringen. Als neuen Sinnesreiz sangen wir rhythmisch die *Kleine Hex*:

Morgens früh um sechs
Kommt die kleine Hex.
Morgens früh um sieben
Schabt sie gelbe Rüben.
Morgens früh um acht
Wird Kaffee gemacht.
Morgens früh um neun
Geht sie in die Scheun.
Morgens früh um Zehn
Holt sie Holz und Spähn,
Feuert an um elf,
Kochet dann bis zwölf
Rüblein, Mais und Fisch.
Kinder, kommt zu Tisch!

Einmal gab er den Ton an, indem er die Taste drückte, einmal drückte ich die Taste.

Es wurde schon entwickelt (Seite 20), dass die Füße mit dem Rhythmus und die Finger, die Hände mit der Ausdrucksqualität des Wortes zusammenhängen, und so arbeitete ich mit Leon wie mit all meinen sprachentwicklungsgestörten Kindern vorwiegend mit **Bewegungsübungen für die Füße, die Hände und Finger**. Wir legten zum Beispiel ein langes dickes Seil zur Spirale (Schnecke), und Leon sollte darauf balancieren. Konnte er dies, so verband ich ihm die Augen und er musste auf dem Seil tastend balancieren. Dazu sagte ich ihm: »Jetzt hast du zwei Augen in der Fußsohle.«

Obwohl das Seilhüpfen Arm-, Hand-, Finger- und Fußbewegungen koordiniert, ist es auffällig, dass sprachentwicklungsgestörte Kinder zwischen fünf und sieben Jahren meist *nicht* in der Lage sind, Seil zu hüpfen. Sie bekommen dafür meist keine Anregung, weder im Kindergarten noch im Elternhaus. Ich gebe den Kindern in ihre ausgestreckten Arme zunächst das Seil in die rechte und linke Hand, und sie sollen das Seil rückwärts und vorwärts über den Kopf zum Boden schwingen lassen und zu jeder Schwungbewegung sagen »fuit, fuit, fuit«. Wenn diese Vorübung gut läuft, dann sage ich: »Wenn du das Seil am Boden siehst, so hüpfe einfach darüber.« Oft dauert es viele Wochen, bis endlich das Seil unter den Füßen durchschwingt. Ein unsagbarer Stolz ergreift dann das Kind.

Als Leon fast sieben Jahre alt war, fragte ich: »Leon, mit was sollen wir heute beginnen?« Er sagte: »Ich mich Taler machen.« Das heißt, er will den »Taler« machen. (siehe Seite 46). Das war für ihn jetzt ein Erfolgsgefühl. Er hatte den Reim drei Jahre lang gehört, und jetzt konnte er alle Worte richtig sprechen. So sprach ich immer bei den folgenden Reimen eine Zeile vor und Leon sprach sie auch fehlerfrei nach: »Kinnewippchen«, »Backe, backe«, »Storch, Storch«, »Zeigt her eure Füße«, »Ri-ra-rutsch.« Bis Leon siebeneinhalb war, gehörten sie in jede Behandlung.

Mit sieben Jahren wurde Leon in eine Sonderschule für entwicklungsverzögerte Kinder eingeschult. Diese besuchte er ein Jahr und seit dem zweiten Schuljahr ging er in eine staatliche Förderschule. Jetzt begann ich mit Satzübungen. Leons Spontansprachäußerungen waren jetzt maximal drei Worte, aber die Artikel fehlten durchgängig. Wir übten wieder Tätigkeiten, das heißt Verben, die wir immer mit der jeweiligen Bewegung dazu begleiteten. Jeder hatte zum Beispiel eine Zeitung, und ich sagte: **»Wir reißen einen Streifen.«** Das tat Leon dann so lange, bis er etwa fünfzehn Streifen (längslang versteht sich, ca. 3 cm breit, sonst werden die Zeitungsstreifen krumm) gerissen hatte. Dann nahm er davon zehn Streifen und musste **sagen und tun**: **»Ich knülle damit einen Ball ganz fest.«** Dann: **»Ich wickele einen Streifen um den Ball.«** – **»Ich klebe den Streifen mit Kleb fest.«** – **»Ich drücke den Ball** (an der Stelle, wo er geklebt hat) **ganz fest.«** – **»Ich wickele noch einen Streifen um den Ball.«** (Die etwa fünf Streifen werden also sternförmig von Pol zu Pol gewickelt, bis am Ende kein knülliges Papier mehr zu sehen ist.) Ist der Ball fertig, nehmen wir dickere Wolle und wickeln die Wolle so um den Ball, dass wir den unteren und oberen Pol mit dem Daumen und Zeigefinger halten und sternförmig an Daumen und Finger vorbeiwickeln. Wir sprechen dazu: **»Ich wickele die Wolle um den Ball.«**

Immer wieder beschäftigt mich die Frage: Was sind die Sprachentwicklungshintergründe der Artikel **»der«**, **»die«**, **»das«**? In der deutschen Sprache geben die Artikel schon Kunde von der Beschaffenheit des Hauptwortes. Wir haben in **»die«** das weibliche, in **»der«** das männliche, in **»das«** das heranwachsende Wesen (sächlich). Im Englischen zum Beispiel sind »der«, »die«, »das« auf **»the«** zusammengeschrumpft oder sprachentwicklungsgeschichtlich nicht weitergereift. Normalerweise ahmt das Kind die richtige Artikelbildung nach. Allerdings finden wir im Dysgrammatismus (siehe Seite 39) den falschen Gebrauch von diesen Artikeln.

Bei Leon versuchte ich zunächst, den Laut **»E«** in der Kreuzung der Arme zu bewegen und dann tönen zu lassen. Dann sollte er **»der«** sagen. Bei **»I«** ließ ich ihn einen Arm nach oben, einen nach unten strecken, dann sollte er das

»I« sprechen, dann »**die**« sagen. Bei »**A**« sollte er beide Arme nach oben öffnen, dann »**A**« sagen und schließlich »**das**«. Dies übten wir mehrere Behandlungen lang. Dann deutete ich auf den Tisch, und Leon antwortete: »**Der** Tisch.« So deutete ich auf **die** Lampe und auf **das** Sofa. Diese Übung machten wir auch singend und die Silben klatschend: Das ist **die** Schau-fel. (5 Silben = 5 mal klatschen.) Dann nahmen wir die Memory-Karten, und er musste die Artikel dazu sagen, etwa das ist **die** Blume usw. Ab dieser Zeit übte er zur besseren Konzentration die Überkreuzbewegungen mit *Pinke panke* (siehe Seite 65).

Als Leon fast acht Jahre alt war, machte ich mit ihm folgende Übung, in der alle Übungsaufgaben der fast vier Jahre langen Entwicklungsarbeit enthalten waren.

1. Er musste mit einem circa 4 Meter langen Seil eine große, gleichmäßige Spirale legen.

2. Darauf musste er mit verbundenen Augen balancieren und dazu sagen: »Ich gehe auf der Schnecke **hinein**, ich gehe auf der Schnecke **hinaus**.« (Als Leon die Augen verbunden hatte, sagte ich zu ihm, wie schon erwähnt: »Jetzt hast du zwei Augen in der Fußsohle.«)

3. Dann bekam er einen Ball und sprach: »Ich rolle den Ball in die Schnecke hinein, ich rolle den Ball aus der Schnecke heraus.«

Mit achtdreiviertel Jahren bemerkte der Kieferorthopäde, dass die Kieferbildung und Zahnstellung bei seiner Lebensgeschichte nicht harmonisch ausgebildet waren und dass sein Zungenbändchen noch die Zunge fixierte. In Extremfällen schneidet die Hebamme kurz nach der Geburt diese nervenlose Faserstückfixierung durch. Bei Leon verbesserte dieser kleine Eingriff seine Zungenaktivität ganz erfreulich. Wir machten jetzt Übungen mit dem Korken (siehe Seite 69).

Um den Satzbau zu üben, musste Leon alle seine Tätigkeiten mit vollen Sätzen begleiten, etwa: »Ich nehme den Stuhl.« »Ich setze mich auf den Stuhl.« – »Ich halte meinen rechten Fuß ganz hoch.« – »Ich hebe meine rechte Hand hoch zu der Decke.« – »Ich schneide das Papier, ich habe das Papier geschnitten.« – »Ich sehe das Auto, ich habe das Auto gesehen.« Als Hausaufgabe bekam er auf, Sätze zu bilden, die mal mit den Händen, mal mit den Füßen zu tun hatten, zum Beispiel: »Ich knete den Teig.« Oder: »Ich fahre Rad.« Dann übten wir Dimensionsraum-Sätze, etwa: »Ich stehe vor dem Stuhl. Der Schrank ist hinter mir. Rechts ist das Fenster, links ist die Kommode. Ich stehe vor dem Schrank.«

Jetzt kam ein neuer Schritt. Leon war neuneinhalb Jahre alt, die Hauptwörter und Verben sollten als verschiedene Wortarten begriffen werden.

Unsere Sprache hat drei Wortqualitäten: das Hauptwort, das Tunwort (Schaffwort) und das Fühlwort, wie ich Substantiv, Verb und Adjektiv bei meinen Kindern nenne. Es ist kaum vorzustellen, welch enorme Probleme das Groß- und Kleinschreiben unseren normal entwickelten Grundschülern bereitet. Ich sage zu meinen legasthenischen Kindern: Hauptwörter sind die Wörter, die mit Namen alle Dinge, die wir sehen, benennen. Wir sehen sie mit unserem Kopf (Haupt), deshalb schreiben wir sie groß. Die Schaffwörter sind die Wörter für die Tätigkeiten, die wir entweder mit unseren Armen, Händen, Fingern, Beinen, Füßen, unserem Körper, den Augen, den Ohren, der Nase, dem Mund, dem Kopf (denken) etc. machen. Diese Wörter schreiben wir klein. Mit den Fühlwörtern benennen wir die Empfindungen, die wir mit unserem Herzen wahrnehmen und unseren fünf Sinnesorganen, unserer Haut, unseren Augen, Ohren, unserer Nase und unserem Mund. Diese schreiben wir auch klein.

Diesen Weg bin ich erfolgreich mit Kindern gegangen, die Sprachentwicklungsstörungen und dann bei der Einschulung beim Schreiben- und Lesenlernen wiederum Sprachverständnisschwierigkeiten hatten.

Zum Beispiel lasse ich seitenweise (ich bevorzuge Grimms Märchen) bei *Rotkäppchen* die Hauptwörter gelb unterstreichen oder überhaupt die Hauptwörter mit gelbem Stift schreiben. Ich erkläre dem Kind: Gelb ist eine lichthelle Farbe, und die Dinge sieht man gut mit dem Haupt. Die Schaffwörter lasse ich rot unterstreichen oder schreiben, weil Rot die Farbe ist, die feurig und schaffig ist, wie die Hände und Füße. Das Fühlwort lasse ich blau unterstreichen oder schreiben, weil Blau sich so angenehm wie das Himmelblau anfühlt.

Jetzt sollte Leon den Fuß in die Luft strecken und sagen: »Der Fuß.« – Dann die Hand in die Luft strecken und sagen: »Die Hand.« – Und dann das Knie in die Luft strecken und sagen: »Das Knie.« Dann musste er diese drei Hauptwörter mit Artikeln in Druckbuchstaben schreiben. Dazwischen warfen wir zu jeder Silbe den Ball in die Luft. Zum Beispiel bei **der Fuß** zweimal. Wenn ich dann fragte: »Was macht die Puppe?«, so antwortete Leon: »Sitzen.« Jetzt musste er aber vier Mal hochwerfen, während er sagte: **»Die Puppe sitzt.«** Solche Sätze mit dem konjugierten Verb zu bilden, fiel Leon sehr schwer. Was sollte ich jetzt tun? Ich hatte verschiedene sehr schöne, gleichmäßig lange und würfelförmige Hölzer, Abfall vom Drechsler. Mit diesen sollte Leon Sätze legen, und zwar musste er jedes Wort mit den langen Hölzern belegen und das Schaffwort mit dem Würfel.

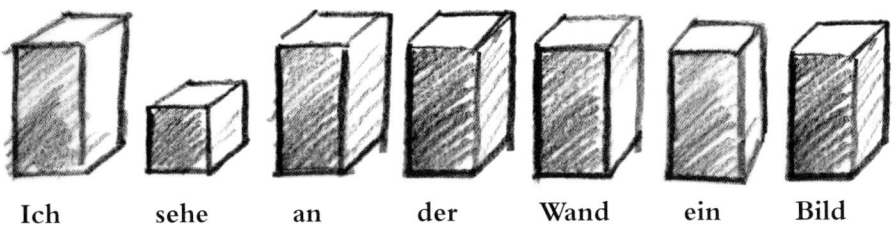

| Ich | sehe | an | der | Wand | ein | Bild |

Abb. 30

Warum lege ich solchen Wert auf das Schaffwort? Es drückt die ichhafteste, bewusste Aktivität des Menschen im Satz aus.

Allmählich musste Leon Sätze mit zwei Tunwörtern bilden und mit dem Stift schreiben, und zwar sollte er die Verben selbst suchen zu den Fragen: Was tun die Hände? Die Füße? Die Ohren? Die Augen? Was tut die Nase? Der Mund? Zum Beispiel: »Ich gehe zum Bäcker und kaufe eine Brezel.« Und immer musste Leon bei allen Tunwörtern klatschen. Jetzt sollte er zum Hauptwort, etwa »Besen«, das Tunwort finden, wie zum Beispiel der Besen »kehrt«, die Uhr »tickt«. Dann sollte er Tunwörter suchen und selbständig Sätze daraus formen. Schließlich sollte er Sätze bilden, in denen die Dimensionen erwähnt sind, unten – oben, Mitte etc. Zum Beispiel: »Ich habe orangene Söckchen an den Füßen.« »Oben ist mein Kopf, unten sind meine Füße.« Übrigens haben wir dabei auch Einzahl und Mehrzahl mitgeübt: »Ich lege meine Hände auf mein rechtes Knie.«

Mit seinen inzwischen elf Jahren hat Leon gute Fortschritte im Sätzesprechen und -schreiben gemacht.

Bei den folgenden Satzübungen sollen die Raumesdimensionen noch vielfältiger wahrgenommen werden, so dass die Satzbildungen auch noch differenzierter werden. Zum Beispiel: Auf der Kommode stehen zwei Bügeleisen (Antiquitäten), dazwischen steht eine Vase mit Blumen. Ich stehe zwischen dem Stuhl und dem Tisch. Ich lasse zum Beispiel Leon auch den Abstand mit dem Messband messen (ein neuer Sinnesreiz) und gebe ihm ein Gefühl für die Länge.

Als die Mutter über Leons unleserliche und kleine Schrift im Schreibheft klagte, war dies für mich nicht verwunderlich. Denn wenn im großen Bewegungsraum die Dimensionen nicht richtig im Kinde verankert sind, so sind sie im kleinen Dimensionsraum erst recht instabil. So begannen wir zum einen Mandalas selbst zu machen. Leon musste nun etwa 50 schöne, große Kreise mit dicken Wachsstiften ziehen, so lange, bis sein Auge sie als schön ansah. Dann zog er in einen Kreis immer kleinere Kreise von außen nach innen. In einem weiteren Schritt wurde ein Punkt in die Mitte eines DIN-A4-Blattes gesetzt und darum wurden Kreise von innen nach außen gezogen. Dann wurden senkrechte, waagrechte und diagonale Linien exakt durch den Mittelpunkt geführt und selbständig mit weiteren Formelementen versehen. Dies fiel Leon außerordentlich schwer.

Abb. 31

Nach diesen Vorübungen probierten wir Buchstaben. Zuerst sollte Leon auf großen Blättern (DIN-A3) freihändig viele waagerechte Linien ziehen. Dann sollte er im Abstand von circa 4 cm die Linien ziehen und genau zwischen der »Himmelslinie« (obere Linie) und der »Erdlinie« (untere Linie) mit Wachsstiften viele senkrechte Striche ziehen, die genau oben und unten berührten.

Es folgten viele halbkreisgebogene Striche, und dann immer wieder freihändig die Übungen mit den zwei waagerechten Linien mit circa 4 cm Abstand. Jetzt musste Leon genau in der Mitte der Himmel- und Erdlinie eine neue Linie ziehen und exakt von der oberen Linie zur unteren Linie das große A, von der Mittellinie nach unten das kleine a als Druckbuchstaben schreiben und so das ganze Alphabet. Schließlich schrieb er Worte mit denselben Übschritten. Klappte dies, so schrieb er Verse ab. Erst als ihm dies einigermaßen schön mit dem Wachsstift gelang, sollte er mit den Dickies in den normal liniierten DIN-A4-Heften über zwei Zeilen schreiben.

Ich habe noch kein Schulkind mit schweren Sprachentwicklungsstörungen wahrgenommen, das dennoch sehr schön geschrieben hätte. Schulkinder können ja oft ihre eigene Schreibschrift nicht richtig lesen. Aber ich habe die Erfahrung gemacht, dass, wenn ich die Druckbuchstaben in der oben beschriebenen Weise noch einmal von Grund auf mit den Kindern übe, sich auch ihre Schreibschrift gewaltig verbessert. Sie wird größer, klarer, harmonischer und lesbar. Denn die Druckbuchstaben sind in ihrer Dimensionalität (oben – unten, rechts – links, senkrecht – waagerecht – diagonal) archetypisch für alle folgenden Schriftarten. Alle diese Übungen dienen zur Verbesserung und Ausreifung der feinmotorischen Bewegungsabläufe beim Schreiben, weil sie ein gutes Ineinanderarbeiten der Sinne fördern, des Gleichgewichtssinns, des Tastsinns, des Bewegungssinns und des Sehsinns. Sie stärken enorm die Raumesdimensions-Wahrnehmung.

Damit hatte Leons Schreibschrift sich so verändert, dass er stolz war, so ordentlich zu schreiben. Jetzt übten wir auch Lesen, und seit den Schreibübungen ging dies viel besser. Beim Lesen musste er allerdings immer noch die Silben des Tunworts klatschen. Wir machten auch das Spiel: »Ich sehe was, was du nicht siehst.« Dazu musste jetzt jede Silbe geklatscht werden. Leon und ich unterhielten uns nur noch Silben klatschend und ratend, sonst hätte er spontan nach wie vor nicht geredet.[19]

Jetzt diktierte ich Leon auch Sätze wie etwa: »Ich stecke den Wachsstift zwischen die Finger«, »Der Korb steht vor der Heizung« usw. So musste er zuhause Sätze bilden und aufschreiben. Dann Sätze bilden mit mehreren

19 Warum ich das Klatschen und Laufen der Silben so sehr für die Sprachbewegungstätigkeit des Gehirns einsetze, wird auf den Seiten 20 und 46 beschrieben.

Hauptwörtern. Vor allem die Fühlwortsuche (Wie-Wort-Suche) verlangte viel Energie: Wie ist das Wetter? Schön, kalt, regnerisch. Wie schmeckt das Essen? Salzig, süß, gut. Dann folgte die Aufgabe, 20 Schaffwörter in Bezug auf die Hände und 20 in Bezug auf die Füße aufzuschreiben und ebenso 20 Fühlwörter.

In der letzten Behandlungszeit, denn mit zwölfeinhalb Jahren schloss ich die Behandlung ab, übten wir ganze Satzgefüge, in denen er mehrere Hauptwörter, Schaffwörter und Fühlwörter unterbringen musste: »Ich wünsche mir viel Geld, damit ich ein herrliches Schloss bauen kann, in dem zwölf große Zimmer sind.« Ich ließ Leon auch Briefe an seine Tante schreiben. Er sollte jetzt Sätze über Pflanzen, Steine, Tiere und Menschen bilden. Zum anderen machten wir wieder Sprachübungen für seine Zungenspitze:

Sieh, silberne Segel auf fließendem Wasser

Zuwider zwingen zwar
Zwei zweckige Zwacker
Zu wenig zwanzig Zwerge
Die sehnige Krebse
Sicher suchend schmausen
Das schmatzende Schmachter schmiegsam
Schnellstens schnurrig schnalzen

Diese scheinbar sinnlosen Lautkombinationen sind eine hervorragende Übung, um die Zungen-, Lippen- und Gaumenmuskulatur zu trainieren.

Ebenso sollte Leon zum Beispiel bei den Zahlen von ei**ns** bis **z**wa**nz**ig, bei den Stützlauten **L, N, D, T** zugleich die Zunge in den Gaumen führen und den Ball dazu hochwerfen. Also ei**ns**, zwei, **d**rei, vier, fü**n**f, sechs, siebe**n**, ach**t**, **n**eu**n**, zeh**n** usw. Lief diese Übung gut, so sollte er nun bei **S** und **Z** den Ball hochwerfen: ein**s**, **z**wei, drei, vier, fünf, **s**ech**s**, **s**ieben, acht, neun, **z**ehn, usw.

Diese hochkonzentrierte Bewegungs- und Artikulationsübung wird von den Kindern wegen ihrer sportlichen Komponente hoch geschätzt.

Wie steht es mit neuen Kinderreimen?

Das Ein- und Ausatmen ist der Ur-Rhythmus unseres Lebens. Alle unsere Körperbewegungen werden von dieser Energiequelle gespeist. Schaut man einmal, wie sich in den vielen Handarbeiten wie Spinnen, Stricken, Klöppeln in unzähligen minutiösen, sich immer wiederholenden Bewegungsabläufen der Hände und Finger ein Rhythmus bildet, so versteht man, dass die Menschen zu ihrer Arbeit früher gern rhythmisch sangen und sprachen. Sie wussten also sehr wohl: Wenn sie die Arbeitsvorgänge nicht mit den dazu gehörigen Wort- oder Liedrhythmen begleiteten, rutschten sie aus der Atemenergie heraus. Bekannt ist zum Beispiel heute noch das »Hau-Ruck«. Bei »Hau« fasst man nach dem Baumstamm, und bei »Ruck« schultert man ihn. In Zunfthaus-Museen kann man noch für jede Handwerksarbeit die alten Arbeitsrhythmen und Arbeitslieder finden. Beeindruckend war für mich der Ramm-Rhythmus, den die Männer sangen, wenn sie die Fundament-Pfähle für ein Haus einrammten. Uns bekannter sind die zahlreichen Spinn-, Web- und Waschlieder. Und erst recht kennen wir viele Wander- und Marschlieder, die die Füße mit frischer Kraft antreiben. Mit Liedern und Rhythmen wurden auch die Jahreszeiten gefeiert, der Winter wurde ausgetrieben, der Frühling herbei gewünscht und die Ernte dankend besungen. Daneben gibt es Lieder zu den kirchlichen Festeszeiten, Weihnachten, Ostern, Pfingsten, Johanni, Michaeli, die Morgen- und Abendlieder, die Liebes-, Hochzeits- und Trauerlieder. Die Inhalte dieser Lieder entspringen dem unmittelbaren Bedürfnis des Menschen, seine Umwelt und seine Innenwelt mit gesungenen und gesprochenen Worten darzustellen. So kann man verstehen, dass gerade in unseren alten Kinderliedern und -reimen etwas von der Unmittelbarkeit der verschiedenen Lebenstätigkeiten lebt. Ganz handgreifliche und begreifliche Vorgänge werden in gesungenen Worten und gesprochenen Reimen geschildert. Ursache und Wirkung werden erlebbar.

Zum Beispiel: **Alle meine Entchen schwimmen auf dem See, Köpfchen in das Wasser,** (Ursache) **Schwänzchen in die Höh** (Wirkung) oder **Hänschen klein ging allein in die weite Welt hinein** (Ursache) **aber Mama weinet sehr, hat ja nun kein Hänschen mehr** (Wirkung). **Da besinnt sich das Kind** (Ursache), **kehret heim geschwind** (Wirkung). Oder **Fuchs du hast die Gans gestohlen, gib sie wieder her** (Ursache: Er hat die Gans im Maul), **sonst wird dich der Jäger holen mit dem Schießgewehr** (angedrohte Wirkung).

Diese Kinderlieder werden heute noch gern gesungen, obwohl sich die Welt grundlegend verändert hat. Denn ihr Atemrhythmus entspricht genau dem kindlichen Atemverhalten.

Auch bei den folgenden Reimen sind alle Forderungen an einen guten Reim erfüllt. Vom Ursache-Wirkungs-Prinzip über Laut- und Rhythmusqualität bis zum unmittelbaren Erlebnis des Wahrnehmungsraums.

> **Pitsche patsche Peter,**
> **Hinterm Ofen steht er,**
> **Wichst die Stiefel, wichst die Schuh,**
> **Kommt die schwarze Katz dazu,**
> **Frisst das Schmalz und frisst das Schmer,**
> **Frisst sie alle Häfen leer.**

Dieser Reim eignet sich besonders, wenn das Kind nörgelig und unentschlossen ist.

> **Heile, heile Segen,**
> **Drei Tage Regen,**
> **Drei Tage Schnee,**
> **Morgen tut es nimmer weh!**

Das Kind ist hingefallen (Ursache), die Mutter streichelt das Beinchen (Wirkung), Schnee und Regen bringen noch ein Zeitgefühl hinzu.

Wenn man die Weisheit dieser alten, einfachen Kinderlieder und Reime mit manchen neuen Reimschöpfungen vergleicht, erkennt man, dass diese weder dem Atem-, Rhythmus- und Lautbedürfnis des Kindes noch dem Ursache-Wirkungsprinzip gerecht werden.

Die Krokodile

> **In einem Wagen**
> **drinnen lagen**
> **reichlich viele**
> **Krokodile.**
> **Der Wagen, bum,**
> **fiel plötzlich um.**[20]

Ein Kind erst auf den Knien reiten lassen und von dem Wagen mit den Krokodilen berichten. Mit der letzten Zeile des Verses das Kind von den Knien kippen.

20 Cornelia Nitsch, Das große Buch der Kinderreime. Über 400 klassische und neue Verse zum Vorlesen und Mitmachen, München 2003, S. 54

Dieser als Kniereitervers ausgewiesene neue Reim hat keinen Bezug zur kindlichen Umwelt, noch zeigt er ein Ursache-Wirkungsprinzip, noch eignet er sich für die Spracherziehung. Zudem ist die Kniereiterzeit, wenn das Kind laufen kann, eigentlich abgeschlossen. Wie anders klingt dagegen der Kniereiterklassiker:

Hoppe, hoppe Reiter,
Wenn er fällt, dann schreit er.
Fällt er in den Graben,
Fressen ihn die Raben.
Fällt er in den Sumpf,
Macht der Reiter plumps.

Die Reitbewegung des Leibes bestimmt den Rhythmus. Ursache und Wirkung sind nachzuvollziehen.

Wie ist dies beim Wiegenlied? Kleine Kinder schlafen nicht mehr in Wiegen, so trägt ein neuer Wiegenreim dem Wiegen in den Armen Rechnung.

Wiege wiege Wage,
das Kind das ich trage,
mit einem Lachemund,
das wiegt schon ein paar Pfund.

Wie stimmig ist dagegen der Rhythmus des alten Liedes:

Schlaf Kindlein schlaf
Der Vater hüt' die Schaf
Die Mutter schüttelt's Bäumelein
Da fällt herab ein Träumelein
Schlaf Kindlein schlaf

Das Wiederholen der ersten Zeile trägt zum ruhigen Atmen unmittelbar bei. Das Kind fühlt sich geborgen, denn es weiß sich mitten in den handelnden Personen. Ursache und Wirkung werden deutlich erlebbar.

Sprachlautlich fällt auf, dass im neuen, ausgedachten Reim die nervigen Laute **I, E, EI,** im alten dagegen die warmen Laute **A, O, U, AU, EU** vorherrschen. Im neuen Reim fehlt der einheitliche, einschläfernde Rhythmus, Ursache und Wirkung werden nicht deutlich.

Die Inhalte der alten Reime sind für das Kind nachzuvollziehen, da sie sich mit seiner unmittelbaren Umwelt beschäftigen wie etwa bei diesen zwei Fingerspielversen:

Es sitzen zwei Tauben auf einem Dache.
Die eine flog weg,
Die and're flog weg,
Die eine kam wieder,
Die and're kam wieder,
Da saßen sie alle beide wieder.

Die Zeigefinger klopfen im Takt der ersten Zeile auf den Tisch, das Gleiche mit Mittelfinger, dann mit Ringfinger. Als Tauben fliegen sie jeweils auf und kehren wieder.
Ebenso das Spiel mit den Fingern.

Das ist der Daumen,	Daumen
Der schüttelt die Pflaumen,	Zeigefinger
Der liest sie auf,	Mittelfinger
Der trägt sie nach Haus,	Ringfinger
Der isst sie alle alle auf.	Kleiner Finger

Diese alten Fingerspielreime werden dem Wissen gerecht, dass die Intelligenz mit der Feinmotorik der Finger zusammenhängt. Gute Fingerspiele sind für die differenzierte Gehirnbildung außerordentlich wichtig.
Schaut man sich dagegen einen neuen Fingerspielreim an mit der Fußnote: *Die linke Hand in einen Flieger verwandeln: Zuerst ein Streifenmuster auf den Handrücken malen. Dann Ring,- Mittel- und Zeigefinger strecken und zusammenhalten, den kleinen Finger und den Daumen abspreizen. Das Spiel: Den Flieger auf einem Kinderarm starten und abheben lassen. Wohin soll die Reise gehen?*

Der gestreifte Flieger

Ein rasanter Flieger,
gestreift wie ein Tiger,
ein blitzblanker heller,
der rast schnell und schneller,
über die Startpiste –
hebt schon ab, die Kiste,
segelt über das Meer
und schaukelt dabei sehr.[21]

21 Cornelia Nitsch, Das große Buch der Kinderreime, München 2003, S. 32

Durch eine reine Konstruktion des Kopfes sollen die Finger verkünstelt in ein Spiel gebracht werden.

Bei den alten Kinderreimen wird der Leib mit seinen Bewegungen unmittelbar angesprochen: Das Kind liegt, schläft, hockt, reitet, bewegt seine Arme, Hände und Finger. Es wird sein Lebensraum aufgebaut: Das Kind kann hinlaufen zum Schäfer, zum Baum oder liest die Pflaumen auf. Es erlebt mit seinem Leib, das **Oben – Unten,** das **Innen – Außen,** das **Hinten – Vorne,** was, wie oft gesagt, die Voraussetzung für das Sprechenlernen ist.

So leben die alten Kinderreime noch im Maß des Menschen, das macht sie so kostbar. Bei den neuen Reimbeispielen dagegen führt das Flugzeug ein Maschinenmaß ein. Die Tätigkeitswörter wie rattern und rasen stehen für Schnelligkeit. Es nützt aber nichts, ja es ist sogar schädlich, wenn man die Kleinen antreibt, denn das Kind lebt noch unbewusst im richtigen Rhythmus. Nur wir Erwachsenen sind schon so aus dem gesunden Atemrhythmus hinausgeworfen, dass wir uns wie Maschinen benehmen und alles schneller machen wollen. Die Folge davon ist Stress, Nervosität und endlich Krankheit. Eine Maschine kann man schneller und langsamer einstellen, aber der Mensch hat nur *ein* gesundes Atemmaß. Deshalb ist es von großer Wichtigkeit, dass wir mit dem kleinen Kind diejenigen Kinderlieder und Reime singen und sprechen, die rhythmisch und lautlich stimmig sowie für seine Leiblichkeit wahrnehmbar und begreifbar sind.

Anhang

Alle Kinderreime

in alphabetischer Reihenfolge der ersten Zeile

Abends, wenn ich schlafen geh,
Vierzehn Englein um mich stehn:
Zwei zu meiner Rechten,
Zwei zu meiner Linken,
Zwei zu meinen Häupten,
Zwei zu meinen Füßen,
Zwei, die mich decken,
Zwei, die mich wecken,
Zwei, die mich weisen
In das himmlische Paradeisen.

———

Auf und Ab
Mit Getrapp
Webt der Weber
Feine Decken,
Liebe Kinder
Reinzustecken.

———

Backe, backe Kuchen,
Der Bäcker hat gerufen:
Wer will guten Kuchen backen,
Der muss haben sieben Sachen:
Eier und Schmalz,
Zucker und Salz,
Milch und Mehl,
Safran macht den Kuchen gel.

Balle, Balle sag mir doch,
Wie viel Jahre lebst du noch?
Eins, zwei, drei ...

——

Brüderchen, komm tanz mit mir!
Beide Hände reich ich dir,
Mit dem Köpfchen nick nick nick,
Mit dem Fingerchen tick tick tick,
Einmal hin, einmal her,
Rundherum, das ist nicht schwer.

Mit den Füßen tapp tapp tapp,
Mit den Händen klapp klapp klapp,
Einmal hin, einmal her,
Rundherum, das ist nicht schwer.

Ei, das hast du fein gemacht,
Ei, das hätt ich nicht gedacht,
Einmal hin, einmal her,
Rundherum, das ist nicht schwer.

——

Da hast einen Taler,
Gehst auf den Markt,
Kaufst dir eine Kuh
Und ein Kälbchen dazu.
Das Kälbchen hat ein Schwänzchen
Und macht dille dille dänzchen.

——

Das ist der Daumen,
Der schüttelt die Pflaumen,
Der liest sie auf,
Der trägt sie nach Haus,
Der isst sie alle, alle auf.

Es sitzen zwei Tauben auf einem Dache.
Die eine flog weg,
Die and're flog weg,
Die eine kam wieder,
Die and're kam wieder,
Da saßen sie alle beide wieder.

——

Fünf Engelein haben gesungen,
Fünf Engelein kommen gesprungen.
Das erste bläst das Feuer an,
Das zweite stellt das Pfännchen dran,
Das dritte schütt das Süppchen rein,
Das vierte tut brav Zucker drein,
Das fünfte sagt: s'ist angericht,
Iss, mein Kindchen, brenn dich nicht!

——

Gretel Pastetel,
Was machen die Gäns?
Sie sitzen am Wasser
Und waschen die Schwänz.

Gretel, Pastetel
Wo ist denn die Kuh?
Sie sitzet im Stalle
Und machet »muh«.

Gretel Pastetel,
Wo ist denn der Hahn?
Der sitzt auf der Mauer
Und schreit, was er kann.

Guten Tag, Herr Gärtnersmann!
Haben sie Lavendel,
Rosmarin und Thymian
Und ein wenig Quendel?

Ja, Madam, das haben wir
Hier in unserm Garten,
Will Madam so freundlich sein
Und ein wenig warten?

Philipp, hol den Sessel her
Mit den goldnen Spitzen,
Will Madam so freundlich sein
Und ein wenig sitzen?

————

Häslein in der Grube,
Saß und schlief,
Saß und schlief.
Armes Häschen, bist du krank,
Dass du nicht mehr hüpfen kannst?
Häschen hüpf, Häschen hüpf!

————

Heile, heile Segen,
Drei Tage Regen,
Drei Tage Schnee,
Morgen tut es nimmer weh!

Hoppe, hoppe Reiter,
Wenn er fällt, dann schreit er.
Fällt er in den Graben,
Fressen ihn die Raben.
Fällt er in den Sumpf,
Macht er einen Plumps.

———

Kinnewippchen,
Rotes Lippchen,
Nuppelnäschen,
Augenbräuchen,
Härchen Zipp!

———

Klatsch, batsch, wumm,
Der Ton wird krumm.
Fingerlein, Fingerlein,
Macht ein Loch.
Feste drückt,
Ihr könnt es doch.
Kring, krang, Kröpflein,
Dann wird es auch ein Töpflein.

Klatsch, batsch, wumm,
Der Ton wird krumm.
Drehe, drehe Erde
Und das Töpflein werde!
Mit den Fingerlein
Eins, zwei, drei,
Ist der Henkel auch dabei.

Meine Mühle, die braucht Wind, Wind, Wind,
Sonst geht sie nicht geschwind, geschwind, geschwind.
Aus Korn wird Mehl, aus Mehl wird Brot,
Und Brot tut allen Menschen not.

———

Morgens früh um sechs
Kommt die kleine Hex.
Morgens früh um sieben
Schabt sie gelbe Rüben.
Morgens früh um acht
Wird Kaffee gemacht.
Morgens früh um neun
Geht sie in die Scheun.
Morgens früh um Zehn
Holt sie Holz und Spähn,
Feuert an um elf,
Kochet dann bis zwölf
Rüblein, Mais und Fisch.
Kinder, kommt zu Tisch!

———

Ping pang Steinmetz,
Der Steinmetz klopft die Steinklötz.
Er klopft sie glatt,
Dass man hat
Sie zum Bauen
Von den Mauern.
Ping pang Steinmetz,
Der Steinmetz klopft die Steinklötz.

Pinke Panke Puster,
Im Keller wohnt ein Schuster.
Er hat kein Licht und kennt kein Licht
Und sieht die liebe Sonne nicht.
Wo soll er wohnen – unten oder oben?

———

Pitsche patsche Peter,
Hinterm Ofen steht er,
Wichst die Stiefel, wichst die Schuh,
Kommt die schwarze Katz dazu,
Frisst das Schmalz und frisst das Schmer,
Frisst sie alle Häfen leer.

———

Ri – ra – rutsch,
Wir fahren mit der Kutsch,
Mit der Kutsche fahren wir,
Auf dem Esel reiten wir,
Ri – ra – rutsch,
Wir fahren mit der Kutsch.

———

Ringel, Ringel Reihe,
Wir sind der Kinder dreie,
Wir sitzen unterm Holderbusch
Und machen alle husch husch husch!

Säcke flicken, Säcke flicken,
Habe keine Nadel.
Schneider, Schneider, hopp hopp hopp,
Näh mir einen guten Rock!
Wenn ich zähle eins, zwei, drei,
Muss das Röckle fertig sein!
Eins, zwei, drei,
Das Röckle ist entzwei.

———

Säge, säge Holz entzwei,
Große Stücke, kleine Stücke
Schni schna,
Schni schna,
Schnucks!

———

Schlaf, Kindlein, schlaf!
Der Vater hüt' die Schaf,
Die Mutter schüttelt's Bäumelein,
Da fällt herab ein Träumelein,
Schlaf, Kindlein schlaf!

Schlaf, Kindlein, schlaf!
Am Himmel ziehn die Schaf,
Die Sternlein sind die Lämmerlein,
Der Mond, der ist das Schäferlein.
Schlaf, Kindlein, schlaf!

———

Schmied, Schmied, Schmied,
Nimm dein Hämmerlein mit!
Wenn du willst den Gaul beschlagen,
Musst dein Hämmerlein bei dir tragen.
Schmied, Schmied, Schmied,
Nimm dein Hämmerlein mit!

Schuhmächerli,
Schuhmächerli,
Was kosten deine Schuh?
Drei Bätzeli, drei Bätzeli
Und Nägeli dazu.

———

Spreizt eure Fingerlein,
Dass ein jedes steht allein.
Schließt und spreizt sie ohne Ruh,
Aber bleibt im Takt dazu!
Rührt die Finger hin und her
Und bewegt sie kreuz und quer,
Ganz geschwind wie der Wind,
Bis sie alle müde sind.
Und dann bildet schnell mit allen
Scharfe, krumme Katzenkrallen.
Alle Finger unverwandt,
Drücket fest nun in die Hand!
Eins und zwei, eins und zwei,
Däumchen, das ist auch dabei.
Schön im Takte klatschet nun!
Danach soll'n die Finger ruhn.
Alle werden müde sein,
Darum schlagt die Arme ein!

———

Storch, Storch, Langbein,
Wann fliegst du in das Land hinein,
Bringst dem Kind ein Brüderlein?
Wenn der Roggen reifet,
Wenn das Fröschlein pfeifet,
Wenn die goldnen Ringen
In der Kiste klingen,
Wenn die roten Appeln
In dem Korbe rappeln.

Wie reiten denn die Herren?
Ra! ra! ra!
Wie reiten denn die Jüngferchen?
Zimperlim zimzim!
Wie reitet denn der Bauersmann,
Der nicht besser reiten kann?
Hobbeldi bobbeldi boo!

———

Will ich in mein Gärtlein geh'n,
Will mein Zwieblein gießen:
Steht ein bucklig Männlein da,
Fängt gleich an zu niesen.

Will ich in mein Küchel geh'n,
Will mein Süpplein kochen:
Steht ein bucklig Männlein da,
Hat mein Töpflein brochen.

Will ich auf mein Boden geh'n,
Will mein Hölzlein holen:
Steht ein bucklig Männlein da,
Hat mir's halb gestohlen.

Will ich in mein Keller geh'n,
Will mein Weinlein zapfen:
Steht ein bucklig Männlein da,
Tut mir'n Krug wegschnappen.

Setz' ich mich ans Rädlein hin,
Will mein Fädel drehen:
Steht ein bucklig Männlein da,
Lässt das Rad nicht gehen.

Geh' ich in mein Kämmerlein,
Will mein Bettlein machen:
Steht ein bucklig Männlein da,
Fängt gleich an zu lachen.

Wenn ich an mein Bänklein knie,
Will ein bislein beten:
Steht ein bucklig Männlein da,
Fängt gleich an zu reden:
Liebes Kindlein, ach ich bitt',
Bet' für's bucklig Männlein mit.

———

Winde Weiden,
Flechte Rohr,
Schilf und Rinde
Wie der Mohr!
Und allmählich
Ohne Sorg
Langsam, langsam
Wird der Korb.

———

Zeigt her eure Füße, zeigt her eure Schuh,
Und sehet den fleißigen Waschfrauen zu:
Sie waschen, sie waschen, sie waschen den ganzen Tag.

Zeigt her eure Füße, zeigt her eure Schuh,
Und sehet den fleißigen Waschfrauen zu:
Sie wringen, sie wringen, sie wringen den ganzen Tag.

Zeigt her eure Füße, zeigt her eure Schuh,
Und sehet den fleißigen Waschfrauen zu:
Sie bügeln, sie bügeln, sie bügeln den ganzen Tag.

Zeigt her eure Füße, zeigt her eure Schuh,
Und sehet den fleißigen Waschfrauen zu:
Sie nähen, sie nähen, sie nähen den ganzen Tag.

Zeigt her eure Füße, zeigt her eure Schuh,
Und sehet den fleißigen Waschfrauen zu:
Sie klatschen, sie klatschen, sie klatschen den ganzen Tag.

Zeigt her eure Füße, zeigt her eure Schuh,
Und sehet den fleißigen Waschfrauen zu:
Sie tanzen, sie tanzen, sie tanzen den ganzen Tag.

Zeigt her eure Füße, zeigt her eure Schuh,
Und sehet den fleißigen Waschfrauen zu:
Sie schlafen, sie schlafen, sie schlafen den ganzen Tag.

Sprachübungen

Lalle Lieder lieblich, lipplicher Laffe

———

Mäuse messen mein Essen
Lämmer leisten leises Läuten
Bei biedern Bauern bleib brav
Komm, kurzer, kräftiger Kerl

———

Nimm nicht Nonnen
In nimmermüde Mühlen

———

Sieh silberne Segel
Auf fließendem Wasser

———

Tritt dort die Türe durch

———

Zuwider zwingen zwar
Zwei zweckige Zwacker
Zu wenig zwanzig Zwerge
Die sehnigen Krebse
Sicher suchend schmausend
Das schmatzende Schmachter schmiegsam
Schnellstens schnurrig schnalzen

Danksagung

Mein Dank geht an alle Mütter, die mich immer wieder aufgefordert haben, über meine Arbeit zu schreiben, und an Margit Henrich, die dann bei der Gliederung und Formulierung hilfreich war. Nicht zuletzt verdanke ich dem Verlag Johannes M. Mayer, dass mein Buch endlich »Füße« bekommt und in die Welt laufen kann.

Ohne jene Kinder aber, die jetzt schon groß sind und von denen ich so viel lernen und verstehen durfte, wäre das Buch nicht entstanden.